JN062654

優良企業や人気店が活用する
「業務改善」テクニック&ツールとは？

~店舗運営のムリ・ムラ・ムダをなくす~

最強の
システム

オーエムネットワーク株式会社 代表取締役

大野 勝 著

プレジデント社

はじめに

　小売業およびサービス業では、従来から店舗における「生産性の向上」が大きな課題となっていました。しかしながら、なかなか思うようには生産性が上がっていないのが現状ではないでしょうか？

　では、なぜ小売業やサービス業で生産性が向上しないのでしょうか？　その主な理由には、

・やるべきことが多く、どこから手を付けていいかわからない。
・改善の指示は出すけれど、現場がなかなか協力してくれない。
・そもそも、業務改善を指導できる優秀な人材がいない。
・改善マニュアルは作ったが、なかなか利用してくれない。
・人力だけでの業務改善では無理があり、継続が難しい。
・改善の効果があったのかどうか、明確な数値で表せない。

といったことが挙げられます。

　そこで、高価な無人化ロボットや自動化機器などを導入するケースもありますが、店舗の生産性を向上させるのに、そのような機器は必ずしも必要ありません。

　「作業と従業員の適切なマッチング」を中心とした業務改善を進めるだけで、大きな効果を得ることができるのです。

　業務改善を進めて生産性を向上させるためには、

①統一指標としてマンアワーという単位を活用すること
②業務改善ツールとしてのシステムを利用すること

この2つが、最も重要です。

(注) マンアワー(Man Hour)とは、仕事や労働を時間で表現したものです。

まずは、①「統一指標としてマンアワーという単位を活用すること」ですが、マンアワーを活用することによって、店舗における「ムリ・ムラ・ムダ」が明確に見えてきます。つまり、どこに本当のムリ・ムラ・ムダがあるかが具体的にわかってくるのです。

店舗におけるムリ・ムラ・ムダの例としては、

ムリ：長時間労働や休日出勤

ムラ：作業をやったり／やらなかったり

ムダ：従業員の空き時間

などがあります。

いつ・どこで・どれだけ・どのようなムリ・ムラ・ムダがあるのかが把握できれば、次はそれらを、いかに削減するかです。

削減のポイントは、作業と従業員のマッチングだといえます。やるべき作業を、やるべき従業員と上手くマッチングできれば、生産性は格段にアップするものです。

ムリ・ムラ・ムダも、マッチングによって、目に見える形で確実に削減されていくでしょう。

次の、②「業務改善ツールとしてのシステムを利用すること」も大切です。人力だけで業務改善を進めることには限界がありますので、これをいかに活用していくかによって、大きな差が生まれてきます。

店舗では実に多くの作業が複雑に絡み合っていますし、それを担当する従業員も様々な事情を抱えた、いくつものスキルを持った人たちで構成されています。

従って、複雑な作業と、様々な従業員との適切なマッチングを行うためには、実に多くの組み合わせの中から最適解を見つけなければなりません。その組み合わせの数は、何億、何兆を遥かに超えた天文学的な数字なのです。

　ですから、システムの力を借りなければ、業務改善は到底上手くいきません。そこで登場してくるのが、本書の主題でもある、「AIを駆使したシフト管理システム」になります。

　あるスーパーマーケットでは、AIによるシフト管理システムの導入により、「勤務希望の収集」「勤務シフト表の作成」「レジシフト表の作成」などで月間60時間も要していたシフト作成業務を、わずか12時間に短縮したのです。

　つまり、シフト作成時間が、実に80%削減されたことになります。

　さらに、作業と従業員のマッチングによるムリ・ムラ・ムダの削減により、月間の総労働時間を低減させることができ、実に15,125,950円／月の人件費削減を実現しています。

　この金額は、パート・アルバイトの人件費として支出せずに済んだ金額ですから、そのまま営業利益のアップとなり、システム導入などの投資コストを遥かに超えた効果が発揮できたことになります。

　この企業の例は、決して特別なものではありません。どの企業においても実現可能なことをしただけです。

　この事例の詳細は、本書の第1章「成功事例・失敗事例。その中から"本質"を捉えよう！」に詳しく書いていますのでご覧ください。

　また、本書の最後には、最新のシフト管理システムを導入して、業務改善を実現している先進企業の事例を掲載しています。

いずれの企業も、従来のExcel管理から脱却して、日々の管理業務の負担を軽減すると同時に、人時生産性の向上も実現しています。

　是非、参考にされて、自社の業務改善に役立てていただきたいと思っています。

　本書は、筆者が代表を務めるオーエムネットワーク株式会社で、小売業・サービス業のシステム化を通して長年培ってきた経験とノウハウを基にしていますが、それ以上に、多くのユーザー企業の実体験が財産になっています。

　その財産をまとめることで、業務改善に関する実践的知識や、すぐに使えるノウハウを読者の皆さんにお伝えできるものと考えています。

　特に、小売業・サービス業を経営されている方、業務改善を担当している部署の方、店舗で実際にシフト管理を行っている方などに、本書を読んでいただければと考えています。

　小売業・サービス業の生産性は、製造業などと比べると、まだまだ低い状況ですが、その分、店舗にはムリ・ムラ・ムダの宝がたくさん眠っているはずです。

　この本を通して、1社でも多くの企業が業務改善に取り組んでいただき、大きな成果を手に入れていただければ幸いと、心より願っております。

2021年1月

大野 勝

CONTENTS

第3章

理想的な「勤務シフト表」とは?

 第4章

最善の「作業割当表」を作るために

CONTENTS

第7章 参考にしたい
成功企業の改善事例

おわりに

第 **1** 章

「店舗」の業務改善を
成功に導くために

まずは覚えたい、実践すべき5つのポイント

　小売業・サービス業において、業務改善がなかなか上手くいかない原因は、本書の「はじめに」でも述べましたが、

・ やるべきことが多く、どこから手を付けていいかわからない。
・ 改善の指示は出すけれど、現場がなかなか協力してくれない。
・ そもそも、業務改善を指導できる優秀な人材がいない。
・ 改善マニュアルは作ったが、なかなか利用してくれない。
・ 人力だけでの業務改善では無理があり、継続が難しい。
・ 改善の効果があったのかどうか、明確な数値で表せない。

といったことがあります。

業務改善
マニュアル

　業務改善を任された人は、恐らく、会社サイドから「業務改善を進めて、何とか今より生産性をアップするように！」といったような指示しか受けていない場合が多いのではないでしょうか？　そうすると、いざ業務改善を任されても、どこから、どのように取り組んで良いかわからず、なかなか具体的な対応が進まないものです。

　また、ある程度の人員が確保できた上で業務改善に取り組む場合でも、業務改善マニュアルを多くの時間をかけて作成することばかりに労力を費やし、それを店舗に配布して終わり……というケースがあり

ます。そうすると、現場では作成したマニュアルをなかなか見てもらえず、結局、全店舗を一律的に管理していくために、相変わらず苦労が絶えないということになります。

　いずれにしても、自己流かつ人力だけで業務改善を推進しようとしても、なかなか思うようには進まないのが現状です。

　そこで重要になってくるのは、「正しい考え方」「正しいやり方」「正しいツール」を持って、業務改善にあたる姿勢です。むやみやたらに業務改善を進めても、決して良い結果は得られないということを理解してもらいたいと思います。

　ここでは、以下のような業務改善を成功させるための「5つのポイント」について解説します。

（1）統一指標としてのマンアワーの活用
（2）マンアワーを通して現場の見える化を実現
（3）新しい視点に立った雇用形態の推進
（4）従業員のスキル教育の推進
（5）業務改善ツールとしてのシステム活用

これらのポイントを理解して、是非、「正しい考え方」「正しいやり方」

「正しいツール」に基づいた業務改善を進めてほしいと考えます。では、それぞれポイントについて解説していきましょう。

(1) 統一指標としてのマンアワーの活用

経営的視点から業務改善を推進しようとすると、基準となる確かな「指標」が必要になってきます。そこで、ポイントの1つ目になるのが、統一指標としての「マンアワー(MH：Man Hour／人時)」を活用して、業務改善を推進していくことです。

本書でいう業務改善とは、個々の作業改善を意味しているわけではありません。また、店舗における「動線の改善」や「省力化機器の導入」などを対象にしているものでもなく、あくまでも経営的視点から見た「人時生産性の向上」に資する改善を意味していますので、このマンアワーという指標の考え方を、しっかりとご理解いただくことが大切だといえます。

通常、販売や経理、給与などの部門では、金額が指標になっていますし、売上予算、経費予算、人件費予算、あるいはそれらの実績なども、すべて金額で表現されています。

ただ、業務改善を金額面だけで管理しようとすると、給与額という属人的な要素に左右されますし、実態を正しく反映できないという欠点があります。

例えば、売上規模が同じA店とB店があり、それぞれでやるべき作業量が同じだとした上、A店はベテラン社員が多く、B店より人件費が高いと想定してみましょう。この場合で、A店もB店もかけられる人件費予算が同じだとすると、実は、ベテラン社員が多いA店に投入できる作業時間は、B店より少なくなってしまいます。

これでは、A店は作業時間不足になり、やるべき作業ができなくなる可能性がでてきます。基本的には、同じ作業量の場合には、同じ作業時間で店舗を運営する必要があるのです。

　人件費管理は重要ですから、きちんと管理すべきですが、店舗の生産性を管理するには必ずしも向いている指標とはいえません。

　だからこそ、金額的な指標ではなく、時間の概念を取り入れた指標が、業務改善では必要になってきます。それを表したものが、この**マンアワー**という指標です。マンアワー管理では、すべての作業やあらゆる労働を「MH」という統一した単位で表すことができます。

　（※1MHは1人が1時間働く量を表現します）

　例えば、マンアワーを使用すると、以下のような表現になります。

　「今月のMH予算は5,000MHだから、この範囲内で従業員の勤務をコントロールしよう」

　「今週はマンアワー予算より50MHオーバーしたので、次週はその分、アルバイトの勤務をコントロールしよう」

　「日曜日の客数は通常の2割増だから、200MHの人員投入で計画してください」

　「発注作業は、3MHを標準時間として指示出しをしてください」

このように、MHという指標ですべての業務を表現できることになりますから、計画と実績の把握、および予実差などをMHで客観的に把握できるようになります。また、MHは、業種や店舗規模などに左右されることはありませんから、同じ基準ですべての店舗を評価または管理することが可能です。従って店舗のオペレーションは、金額ベースではなく、時間ベースで管理すべきだといえます。

(2) マンアワーを通して現場の見える化を実現

ポイントの2つ目である、MHという考え方を活用して、現場の見える化を実現していくことを考えてみましょう。このためには、「**必要MH**」「**投入MH**」「**過不足MH**」という3つの指標を使用します。

各MHは、時間帯別、日別、月別、年別という「時間軸」で把握する場合と、全社、地区、店舗、部門という「組織軸」で把握する場合があります。3つの指標となるMHは、以下のように定義されます。
・「必要MH」は、店舗で必要となる仕事量の合計

〈時間帯別過不足MH〉

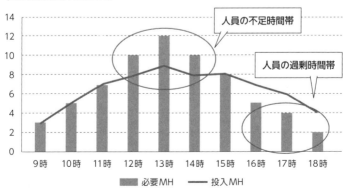

・「投入MH」は、店舗で働く人の労働時間の合計
・「過不足MH」は、「投入MH－必要MH」

　具体的には、必要MH、投入MH、過不足MHの実績を表形式で表したり、グラフで表したりして、いつ、どこで、どのくらい、ムリ・ムラ・ムダがあるのかを把握します。

　さらに、他店との横並びでの比較も容易にできますので、店舗間のバラツキを把握し、適切な指導や改善を行うことが可能となります。

　このような見える化を推進することにより、各店舗での実態が個々に把握できるようになります。さらに、管理者が本部にいながらも全店舗の計画値や実績値などを横断的に把握できるようになるのです。

　一方、各店舗がExcelベースで管理しているレベルでは、本部にいながら各店舗の実態を正確かつリアルタイムに把握することは、到底、不可能です。

　この見える化の実現は、業務改善の大きな前進に必ず寄与していきますので、是非、推進したいものです。

〈店舗別過不足MH〉

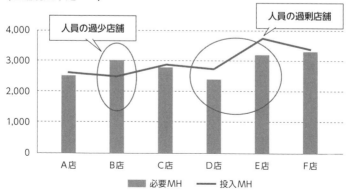

（3）新しい視点に立った雇用形態の推進

　ポイントの3つ目は、従業員を採用する際の取り決めをより厳密にルール化すること。つまり、新しい視点に立った雇用形態の推進です。特に、小売業・サービス業では、パート、アルバイトの採用を現場任せにしているケースが多く、どのような基準で採用しているのかが不明確なケースが多いと思われます。

　従って業務改善のためには、MHを通して把握できたムリ・ムラ・ムダに合わせて、パート、アルバイトを採用する必要があります。

　また、固定的な雇用契約ではなく、より融通の利く雇用契約に変えていくことも大切です。店舗が必要とする曜日や時間帯に合わせて出勤してもらえるような雇用契約がベストだといえるでしょう。

　パートやアルバイトには、月間労働時間や休日回数などを事前にしっかりと約束し、それを保証する代わりに、ある程度の柔軟性のある勤務形態を提示し、了解を得ることが重要です。ただ、現状では、パートやアルバイトの希望を優先するあまり、必要なときには人手が足りず、余裕があるときには人手が余っている、といったことが日常的に起こっているのではないでしょうか？

　このような状況が日常的に起こってくると、働く人のモチベーションは上がらず、離職率が高くなります。確かに、生活資金を得るために働いている人も少なからずいるはずですから、決められた金額を保証すれば良いと思うかもしれません。しかし、パートやアルバイトの人たちも、働くことの充実感を得たいと思っています。

　そのためにも、ムリ・ムラ・ムダのない仕事を与えることは、非常に重要なことになります。

（4）従業員のスキル教育の推進

　ポイントの4つ目は、業務改善と並行して、従業員のスキル教育を推進していくことです。教育は業務改善に直接関係ないように思えますが、実際は違います。

　小売業・サービス業の現場で、スキルが不足する従業員が多い場合、どうしても能力の高い社員や経験値の豊富なベテランパートに仕事が集中してしまいます。そうなると、そういった社員やパートに過残業を強いることになり、結果、彼ら彼女らのモチベーション低下を招いてしまうことがあるかもしれません。

　また、スキル不足の従業員をサポートするために、有能な社員が本来するべき仕事がやれなくなり、接客などの重要な業務がおろそかになる可能性もあります。

　これでは、従業員の頭数は満たされたとしても、トータルとしての店舗運営のサービスレベルが低下してしまい、結果的に客離れが起こってくることでしょう。

　では社員教育は、どのように推進したら良いのでしょうか？ 実は、ここでもMH管理が役に立ってきます。

　MH管理を推進することで、どこで、何の仕事が、どれくらい不足しているかがわかるようになりますから、誰を、いつ、何に対して、教育すれば良いかがわかってくるのです。

　教育を必要とするすべての従業員を対象に、いつまでに、何を教育しなければならないかが把握できれば、計画的な教育スケジュールの作成が可能となり、働く人も安心して、かつ前向きに教育に取り組むことが可能になります。

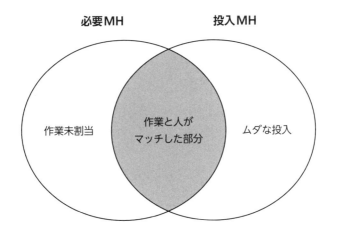

必要MH　　　投入MH

作業未割当　　作業と人が　　ムダな投入
　　　　　　マッチした部分

　上記図で考えてみましょう。ここでは、必要MHの円と投入MHの円が重なった部分が、「作業と人がマッチした部分」になります。

　「ムダな投入」部分は、そもそも人が余っているか、または割り当てる作業がなくて、空き状態になっている従業員を表しています。
　また、「作業未割当」部分は、人が不足しているか、またはできる従業員がいなくて未割当状態になっている作業を表しています。

　この「割り当てる作業がなくて空き状態になっている従業員」と「できる従業員がいなくて未割当状態になっている作業」に対して、教育カリキュラムを効率的に組むことで、ムダな投入は削減され、同時に未割当となる作業も削減されるようになります。

　また、「そもそも人が余っている」や「そもそも人が不足している」という場合は、前述のポイント（3）で説明した「新しい視点に立った雇用形態の推進」が重要になってきます。

（5）業務改善ツールとしてのシステム活用

　ポイントの5つ目は、業務改善のツールとして、システムの力を活用するということです。以前から、業務改善で利用する手順書や各種エントリーフォームなどは、Excelを利用している企業が多いのではないでしょうか？

　Excelは非常に機能的でかつ手軽なツールですから、使い勝手は良いのですが、以下のような課題があります。

- ・店舗でどのように利用されているのかがよくわからない。
- ・店舗からExcelデータを回収するのに手間がかかる。
- ・必要なExcelデータを探し出すのに手間がかかる。
- ・溜まったExcelデータを分析するのが難しい。
- ・Excelは作る人によって個性がでてしまう……など。

　そこで、Excelに代わるシステムが必要になるわけですが、業務改善に役立つシステムの要件としては以下のものがあります。

- ・すべての関連情報がデータベースとして一元管理できる。
- ・本部からすべての店舗の状況を把握することができる。
- ・どこに、ムリ・ムラ・ムダがあるかを把握することができる。
- ・店舗の作業負荷を最小限に抑えることができる。
- ・必要なときに必要なデータを取り出すことができる。

　これらを備えたものとして、「シフト管理システム」があります。
　シフト管理およびシフト管理システムに関しては、次章以降で詳しく解説しますが、特にAIを活用した「シフト管理システム」は、従来では不可能とされていた、膨大な組み合わせの中から最適解を短時間かつ高精度に提供してくれます。

基本知識といえる
「LSP」と「MH」をマスターする

　ここでは、業務改善で必要となるキーワードについて解説します。これらは、業務改善を進める上での「正しい考え方」や「正しいやり方」に関連する部分です。実際の店舗では理論通りにいかないこともありますが、正しい理論をマスターしておくことは重要です。ここで覚えていただきたいことは(1) LSP（レイバー・スケジューリング・プログラム）と(2)「マンアワー(MH)管理」という理論になります。

(1) LSP（レイバー・スケジューリング・プログラム）

　LSPには、業務改善を進める上での基本的なエッセンスが多く盛り込まれており、「誰が」「どれだけの時間で」「どの作業を」「どの程度」行うかを決める計画のことをいいます。主に流通業における作業を見える化し、そこからムリ・ムラ・ムダを把握することを目的としています。具体的には、店舗作業すべてを洗い出し、それぞれの作業の標準作業時間(RE：Reasonable Expectancy)を決め、店舗における個々の作業量を算出します。そして、この作業量をもとに、あるべきワークスケジュール表を作成するものです。

　また、もう一つの特徴として、LSPでは「人に作業を割り当てる」のではなく、「作業に人を割り当てる」ことを基本としています。
　例えば、
　「山田さんが出勤しているから今日は発注作業をお願いしよう」➡×
　「今日は発注作業があるから、山田さんに出勤してもらおう」➡○
　という発想になります。

① レイバー・スケジューリングの狙い

　「人は楽しいと感じるときに、一番作業効率が上がる！」、レイバー・スケジューリングは、これを大前提として導入していきます。従って大切なことは、「人が楽しいと感じること」をどのように実現していくか？　また逆に、「人が嫌だと感じること」をどのように避けていくか？ということだといえます。

　例えば、店舗で「人が楽しいと感じること」としては、
・「店内の清掃が行き届いていて気持ちが良い」と客から褒められた。
・「商品が綺麗に陳列されている」と店長から褒められた。
・商品の発注数が上手く当たり、売上に貢献できた。
・作業が時間内に終わり、気持ち良く定時に退社できた。
・シフトの変更依頼が少なく、自分の予定が立てられた。
などがあります。これらは、仕事が計画的であり、かつ求められる結果も明確になっている状態を表しています。

　逆に、「人が嫌だと感じること」としては、
・やるべき作業が決まってなく、ただ上司の指示で働かされる。
・どこまでが終わりなのか、よくわからないまま作業をさせられる。
・急な残業依頼や出勤依頼で、自分の予定が狂ってしまう。
・一生懸命やってもやらなくても、他の人と評価が同じだ。
・自分以外の人が何をやっているのか、よくわからない。

などがあります。これらは、上記とは逆に、仕事に計画性が無く、かつ求める結果も曖昧である状態を表しています。

② レイバー・スケジューリング活用のポイント

前述した「人が楽しいと感じること」を生み出すために、レイバー・スケジューリングをどのように活用するか考えてみましょう。

ポイントは、〈やるべき作業の定義を明確にする〉〈定義した作業と従業員とのマッチング表を作る〉という2点になります。

〈やるべき作業の定義を明確にする〉

何を、どれだけ、いつまでにやれば良いのかといったことが明確でないと、前述したような「人が楽しいと感じること」を実現することができません。逆に「人が嫌だと感じること」を生み出してしまいます。ですから作業の定義は、必ず行わなければなりません。

ただし定義するに当たって、作業を細かく分け過ぎないことが重要です。日本人は几帳面ですから、すべてをきちんと定義しないと気が済まない人が多いように見受けられます。ただ、店舗の現場においては、逆効果になるケースが多いといえます。従って、主要な作業を中心に定義し、その他の作業は、主要作業の一部に含めるなどの工夫が必要です。実務的にはそれで十分な場合が多いでしょう。

また、小売業やサービス業の店舗作業には、客数や売上に関係なく作業時間が一定の固定作業と、客数や売上などに比例して作業時間が変動する変動作業があります。固定作業とは「清掃、朝礼、棚卸、事務、会議、精算、終礼」など、変動作業は「荷受、値札付け、品出し、店内加工、レジ、接客」などです。

この中で、変動作業の定義については、あまり厳密に意識しない方が良いケースが多くなります。客数や売上の増減に応じて必要時間を

厳密に変動させることは、思った以上に難しく、多くの企業で業務改善が頓挫する原因にもなっています。

変動作業は、最初から定義を確定させるよりも、曜日によって作業時間をある程度固定的に決める方がずっと現実的です。例えば、品出し作業は、平日：60分、土曜：80分、日曜：90分などと、曜日によって作業時間を変えるやり方です。これであれば、変動作業に要求される難しい計算は省略できます。

まずは、ここからスタートして、現場が慣れてきたら徐々に変動作業の精度を上げていくことをお勧めします。

〈定義した作業と従業員とのマッチング表を作る〉

レイバー・スケジューリングの基本は、前述したように「作業に人を割り当てる」ことです。

ただ、多くの店舗では「人に作業を割り当てる」ことを行っています。いわゆる、「今日は山田さんが出勤だから、発注作業をやってもらおう！」というやり方です。これでは人任せの作業になってしまい、業務改善にはつながりません。

ですから、効果を上げるためには、それぞれの作業をどういったスキルを持った人にやってもらうのかを、予め定義する必要があります。

例えば、以下の表のような考え方となります。

作業	対応スキル ＆割当優先順	補足
発注	高	スキル高の人だけに発注を割り当てる
清掃	低＞中	スキル低から清掃を割り当て、その後にスキル中に割り当てる
棚卸	中＞低＞高	スキル中から作業を割り当て、その後にスキル低、スキル高の順番に割り当てる

スキル分けは、最初から細かくせず、上記のように3段階（高＞中＞

低）くらいで十分です。またスキルが高い人が、必ずしもその業務に適任というわけではありません。

　例えば、清掃であれば、スキルの低い人から割り当てた方が、全体としては効率的になるかもしれません。これらは、それぞれの作業の難易度や重要度から決められるものとなります。

　次に、作業と従業員の関係を定義します。

　具体的には、「作業」を横軸、「従業員」を縦軸に取り、それぞれの作業について、誰が担当できるようになっているかを「マトリックス表」で定義します。

　その際、作業を割り当てる優先順位を考えながら定義します。例えば、◎（最優先で割り当てる人）、○（次に優先する人）、△（最後に割り当てる人）という考え方になります。

〈作業割当のマトリックス表〉

従業員	区分	朝礼	清掃	荷受	値札付	品出し	賞味期限	返品	日報作成	終札
佐藤	店長	◎							◎	◎
山田	副店長	◎	△	◎	○	○	◎	◎	×	◎
鈴木	正社員	○	△	◎	○	○	◎	◎	×	○
山本	パート	×	○	△	◎	◎	×	×	×	×
佐伯	パート	×	○	△	◎	◎	×	×	×	×
豊田	パート	×	○	△	◎	◎	×	×	×	×
住谷	パート	×	◎	×	◎	◎	×	×	×	×
太田	パート	×	◎	×	◎	◎	×	×	×	×

　以上がレイバー・スケジューリングを導入する際の最も重要なポイントになります。その他にも注意すべき点はありますが、まずは上記の点に留意して、レイバー・スケジューリング（≒シフト管理）の導入を進めていくことを考えてみるといいでしょう。

(2) マンアワー（MH）管理

　マンアワー（Man Hour）とは、その仕事を、1人ですべて行ったと仮定した場合の作業時間を表す単位のことをいいます。例えば、品出し作業を1人ですべて行った場合に10時間かかるとすると、その品出し作業のマンアワーは、「10MH」となります。この品出し作業を2人で行ったとすると、1人当たり「5時間」の作業量になります。

　このように、マンアワーとは仕事の時間単位を表すもので、極めてシンプルなものですが、業種や企業規模などに関わりなく、すべての仕事を同じ基準で図ることができる大変有効なものだといえます。

① マンアワー管理で必要な指標

　マンアワーを使って店舗の管理を行う場合には、全店統一的に利用できる何らかの管理指標が必要になってきますが、前述したように「必要MH」「投入MH」「過不足MH」という3つの指標を使うことになります。

　次頁から、この3つのMHについて、もう少し詳しく説明します。

〈「必要MH」とは？〉

まず「必要MH」ですが、これは店舗を運営する上で必要となる「作業の合計時間」を表したものだといえます。例えば、平日の必要MHは200MH、土日の必要MHは300MHなどと表すことができます。

必要MHを算出するには、主に以下、a)、b)、c)の3つの方法がありますので、理解しましょう。

ただし、以下のb)とc)の方法は、店舗で必要とする作業をすべて洗い出すことが難しい場合に実施されるケースとなります。

a)店舗で必要とする作業をすべて洗い出し、洗い出した作業の時間を合計して「必要MH」とする方法

時間帯	9時	10時	11時	12時	13時	14時	15時	16時	17時	18時	19時
必要MH	2	2	4	2	2	4	5	5	5	5	1
37	荷受						発注		営業会議		
	荷受					レイアウト変更					
			品出し			レイアウト変更					
			品出し			レイアウト変更					
									レイアウト変更		

b)店舗を運営する上で必要とする体制を、時間帯ごとの必要人数で決め、その人数を合計して「必要MH」とする方法

例 月曜日は、9時から12時までは3名、12時から18時までは4名、18時から閉店までは2名で運営する。

時間帯	9時	10時	11時	12時	13時	14時	15時	16時	17時	18時	19時
必要MH	3	3	3	4	4	4	4	4	4	2	2
37	3人体制			4人体制						2人体制	

c）店舗を運営する上で必要とする体制を、勤務シフトの種類と数で決め、その勤務シフトを合計して「必要MH」とする方法

> 例 月曜日は、朝番シフト×2名、中番シフト×5名、遅番シフト×2名で運営する。

時間帯	9時	10時	11時	12時	13時	14時	15時	16時	17時	18時	19時
必要MH	2	2	2	5	5	5	5	5	2	2	2
37	朝番シフト		中番シフト				遅番シフト		
	朝番シフト		中番シフト				遅番シフト		
			中番シフト					
			中番シフト					
			中番シフト					

〈「投入MH」とは？〉

次に、「投入MH」ですが、これは実際に「投入することができた人員の合計時間」を表したものです。例えば、平日の投入MHは230MH、土日の投入MHは280MHなどと表すことができます。

投入MHの算出方法は実際に投入した人員の合計時間となりますので、必要MHのような考慮は必要なく、単純明快だといえます。しかし、シフト作成段階の投入MHはあくまでも計画値ですので、最終的に正

確な投入MHを得たいとすると、勤怠管理システムとの連動が必要になります。

〈「過不足MH」とは？〉

最後に、「過不足MH」ですが、これは投入MHから必要MHを減算した数字になります。上記の例ですと、平日は230－200＝30MHの過剰、土日は逆に280－300＝▲20MHの不足ということになります。

この過不足MHを算出することで、曜日別や時間帯別のムリ・ムラ・ムダがハッキリと把握できるようになります。この過不足MHを通して、現場の見える化に結び付けることが重要となります。

② マンアワーによる店舗横断的管理

マンアワーを使えば、各店舗における曜日別、時間帯別の過不足を明確に把握することができるようになりますが、さらに、これを全店舗に適用することによって、店舗間のバラツキが明確に把握できるようになります。多店舗展開をしている企業にとっては、大変有効なツールになるといえるでしょう。

実際の「管理表」は、月別、日別に分けて管理されます。月別は、月ごとのマンアワーの推移を年間で表しますし、日別は日ごとのマンアワーの推移を月間で表します。

これを店舗別に並べて見ることで、課題店舗の把握が可能となりますし、全店平均と比べることで、各店舗の位置づけがわかるようになります。ただし、店舗規模や立地条件で固有の特性があるため、店舗規模や立地条件が同じようなグループで比較する必要がありますので注意してください。また管理表は、数字だけの表示ですので、グラフ表示なども利用してビジュアルに見られるようにするとより効果的です。以下を参照してください。

〈店舗別MH管理表〉過不足MH

店舗	1月度	2月度	3月度	4月度	5月度	6月度
A店	23	33	39	21	55	42
B店	-25	-55	-29	10	5	-10
C店	2	3	8	-4	-5	10

〈店舗別過不足MHグラフ〉

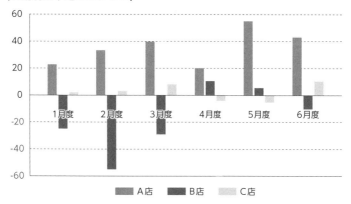

　マンアワーによる店舗横断的管理は、これからますます重要になってきますが、考え方としては決して難しくはありませんし、導入はしやすいですので、是非、実践を考えてみましょう。

COLUMN

　話は少し逸れますが、MH（マンアワー）のMは、Man（男性）の略ですが、店舗で働いている人数は、男性より女性の方が多いのではないでしょうか？

　日本でも看護婦が看護師と呼び方が変わったように、「介護士」「助産師」「保育士」……など、すでに男女を識別する職業名は極めて少なくなっています。

　そう考えると、マンアワー（MH）ではなく、ヒューマンアワー（HH）などに呼び方を変える必要があるかもしれませんね。

成功事例・失敗事例。その中から"本質"を捉えよう！

　自社で、いざ業務改善を実行しようとしたときには、それに成功した企業の実例、失敗した企業の実例が、とても参考になります。

　ここでは、それぞれのケースをご紹介しますので、どこが良かったのか、どこがまずかったのか考えてみましょう。

〈成功事例〉

　株式会社オオゼキは、首都圏に41店舗を展開している地域密着型のスーパーマーケットです。以前から、業務改善には積極的に取り組んできましたが、目に見える効果を出せるところまでは到達できていませんでした。

　そこで、まずは店舗人員の一番多い「レジ部門」に絞った上で、本格的な改善に乗り出しました。最初に行ったのは、レジ部門では、「何が」「いつ」「誰が」「どのように」業務が行われているのかを徹底的に調査することでした。

　その結果、明確になったのは、実際のレジ作業の前段階ともいえる「シフト作成業務」に多くの時間が必要とされており、シフト作成者の精神的負担が非常に大きいことでした。もちろん、シフト作成業務以外でも、精算業務や日報作成などにも問題点が見つかりましたが、これらの作業はいずれも必要なものであり、安易に削減できるものではない、という結論にいたりました。

　そこで、単に作業を削るのではなく、今ある作業をいかに効率良く行うことができるかという観点から、以下の2つの目標を立てることにしました。

（目標1）レジシフト表の自動作成を前提に、いかにレジシフト表の作成時間を削減できるか？

（目標2）レジ作業やレジ関連作業と従業員とのマッチングを最適化することにより、いかにムリ・ムラ・ムダな時間を削減できるか？

　これらの目標を達成させるために株式会社オオゼキは、種々検討した結果、コンピュータシステムによる支援が必須であるという結論に至り、AIによる「シフト管理システム」の導入を決定しました。

　そしてまず初めに、1店舗での実験導入を行い、シフト表の自動化がどの程度可能なのかを検証したのです。

　ちなみに、ここでいうシフト表とは、月間の「勤務シフト表」、および日々の「レジシフト表」の2種類を指します。

　最初は、なかなか自動作成結果が思うようなものにならず、自動作成後の手修正が多くなっていました。

　それを検証すると、人間がシフト作成時に考慮していることと、自動作成が前提としていることとのギャップが原因でした。そこで、ギャップの原因ごとに解決策を検討し、シフト作成時のルールを見直すことと、雇用契約内容を見直すことで、最終的には80％以上の自動化を実現することができるようになったのです。

　その結果を踏まえて、順次、導入店舗数を増やし、12ヵ月程をかけて全店舗への展開を行いました。それなりに店舗展開の時間を掛けたのは、運用教育や操作教育に十分な時間を取ったことによります。

　現場の店舗は、急激な変化を嫌う傾向があり、成功している店舗の事例を紹介しながら、徐々に慣らしていったことが結果的には近道でした。「急がば回れ」の精神が重要だといえます。

以下の表は、株式会社オオゼキにおける（目標1）と（目標2）の改善前と改善後の具体的数値になります。

（目標1）シフト作成業務の改善効果

業務内容	改善前			改善後		
	時間	店舗	合計	時間	店舗	合計
①勤務希望収集	6	41	246	0	41	0
②勤務シフト表作成	24	41	984	6	41	246
③レジシフト表作成	30	41	1,230	6	41	246
〈月間合計〉			2,460			492

（目標2）ムリ・ムラ・ムダの削減効果

業務内容	改善前			改善後		
	時間	店舗	合計	時間	店舗	合計
①月間総労働時間	1,697	41	69,577	1,464	41	60,024
②委託レジ時間	720	5	3,600	0	5	0
〈月間合計〉			73,177			60,024

（注）委託レジとは、外部業者に作業を委託しているレジを指します。

前頁のように全店舗合計でみた場合、月間2,460時間を要していたシフト作成業務が、492時間と大幅に短縮しています。これは前述したように、業務時間が80%削減されたことになります。

　さらに、作業と従業員のマッチングによるムリ・ムラ・ムダの削減により、月間の総労働時間が全店で、73,177時間から60,024時間へと13,153時間の削減に成功しました。これを金額に換算すると、15,125,950円（東京都の平均時給を参考に1,150円で換算）の削減効果になります。

　この金額は、そのまま営業利益になるものです。実に大きなコスト削減が実現できたことになります。

　また、株式会社オオゼキでの業務改善の効果は、前頁のような時間やコストの削減効果だけではありません。「現場の見える化」「モチベーションの維持・向上」「シフトの精度向上」「採用時の的確な判断」といった非計数効果も見逃せないものがあります。

　株式会社オオゼキのように、正しいやり方に従って、正しく推進すれば、必ず効果は出ます。後は、やるか、やらないかの判断です。

〈株式会社オオゼキの業務改善による非計数効果〉

改善効果		導入前	導入後
店舗改善	勤務シフト表	・各人の雇用契約と時間帯当たりの出勤人数を考えながら手動で作成していた。 ・業務の流れや人の組み合わせも考えて作成する必要があったため、かなり作成に時間がかかり、熟練者しかできない作業となっていた。	・曜日別、時間帯別の必要人時と各人の雇用契約に沿ったシフトが自動で作成されるため、微調整のみを行えば良く、作成時間が大幅に短縮された。 ・また、パワーバランスを守ったシフトも自動作成できるため、誰でもシフトを作成できるようになった。
	作業割当表	・1日のワークスケジュール(作業割当表)はExcelで手動作成していた。 ・当日の作業内容や開設レジ台数は担当者が何となく決定しており、売上予算や人件費予算、必要人時(MH)を意識したものとはなっていなかった。	・勤務シフトを作成した時点で、1日の必要人時を考慮したシフトが作成されるため、必然的に作業割当表の作成時間が短縮した。 ・1日の作業に沿って各人のスキルを考慮して自動で作業割当が行われるため、作業の漏れや抜けがなく、また不要な作業の洗い出しが可能となった。
本部改善	マンアワー管理	・口頭、書面で予算指示をしていたが「店舗が回るのが最優先」という考え方が蔓延しており、シフト上で予算を超過しても効果的な指示、指導を行うことができなかった。	・1ヵ月および1日当たりの必要人時と投入人時が明示されるため、投入人時が超過した場合、明確に確認できるようになった。 ・シフト作成者の思い込みを排除して、必要な時間に必要な人員を投入することにより、店舗全体の効率化(MH削減)ができるようになった。
	採用管理	・店舗から新規採用依頼があった際、採用を許可する基準が人件費しかなく、本当に店舗が人手不足なのか確認する方法がなかった。	・1日のどの時間に人が足りないかが明確に表示されるため、足りない時間にピンポイントで採用をかけられるようになった。 ・アルバイトやパートの雇用契約更新時、余剰な時間から足りない時間に変更を促すことにより、自店内で人員充足率を改善することが可能となった。

〈失敗事例〉

(1)K社／情報システム部門が主導して改善を行ったため、店舗側との連携が上手く取れずに失敗……

　システムの導入というと、どうしても情報システム部門が対応するものだという考え方があるようです。基幹システムや給与システム、経理システムなどであれば、情報システム部門が中心になり、関連部門と連携を取りながら進めることで全く問題はありません。

　しかし、業務改善ツールであるシフト管理システムに関しては、大きく事情が異なります。基幹システムなどは、予め明確に定義されたデータを、いかに正確に処理するかが重要ですから、求める結果は誰がやっても同じ結果になります。

　それに対して、シフト管理システムでは、投入するデータは必ずしも同じというわけではありませんし、求める結果も店舗によって違うケースがあります。それは、店舗の置かれている状況などで、必要とする入力や出力が変わってくるという特性があるからです。

　例えば、A店は従業員の組み合わせ情報の登録が必要だけど、B店はアルバイトの最小勤務時間と最大勤務時間の登録が必要だ、ということが起こり得ます。

また、A店はパートの勤務時間をコントロールするアウトプットが必要だけど、B店は新規従業員への教育プログラムに関するアウトプットが必要だ、ということになるかもしれません。

　つまりK社は、業務改善を情報システム部門の担当者が推進したために、店舗ごとの正確な状況を理解できずに、失敗したのです。

〈A店とB店でシフト管理システムに投入すべきデータ〉

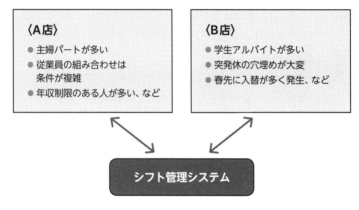

〈A店〉
- 主婦パートが多い
- 従業員の組み合わせは条件が複雑
- 年収制限のある人が多い、など

〈B店〉
- 学生アルバイトが多い
- 突発休の穴埋めが大変
- 春先に入替が多く発生、など

シフト管理システム

　シフト管理システムは、確かに情報システムです。しかしながら導入に当たっては、あくまでも業務改善のツールであるという認識を持ち、情報システム部門が主導するのではなく、本社側の業務改善部門などが主導する必要があるといえます。

(2) I社／本部側が店舗の実情を知らないままシステム展開をしようとして失敗……

　失敗事例（1）では、業務改善ツールは本社側の業務改善部門が主導する必要があると説明しましたが、業務改善部門であれば誰でも良い

というわけではありません。

　少なくとも、店舗の実情を詳しく知っている担当者が実施する必要があるでしょう。できれば、店舗での実務経験がある人が担当すれば、さらに上手くいくようになっていきます。

　I社の場合は、店舗の実務経験がない人事・総務部門の方がシフト管理システムの展開を担当したために、店舗の実情を知らないままの展開となってしまうという失敗事例です。

　その結果、システムの展開段階で、各店舗には各店舗なりの個別事情が多くあることを初めて認識したという状況でした。つまり、コストと時間を大きく無駄にしたことになります。

　通常、どこの企業でも店舗ごとの個別事情は必ず存在します。例えば、全国展開している企業であれば、地域による個別事情が存在するでしょうし、それぞれの店舗規模の大小によっても、少なからず個別事情が生まれてくるものです。

その際に重要なのが、店舗での運用を工夫しながら、システムを稼働させるというスタンスです。当然、各店舗の個別事情をシステムにすべて盛り込むことは不可能ですから、運用で工夫できるところは、運用で対応することが正しいやり方になります。

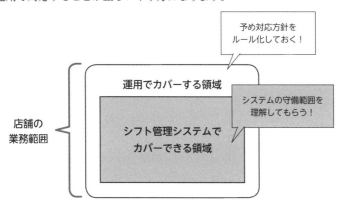

予め対応方針を
ルール化しておく！

運用でカバーする領域

システムの守備範囲を
理解してもらう！

店舗の
業務範囲

シフト管理システムで
カバーできる領域

店舗での運用を工夫しながら、システムを稼働させるというスタンスを踏襲するためには、それを店舗側に説得しなければなりませんが、店舗の実務経験がないと、なかなか相手を説得することは難しいといえます。

また、システムの導入目的を店舗側の担当者にしっかりと説明しながら、「運用上の工夫は必要だけど、その分、受けるメリットの方が大きい」ということを理解してもらう必要があります。それができないと、店舗側はなかなか納得もしませんし、協力をしてくれない場合がでてくるでしょう。

Ｉ社のケースでは、これらが上手くいかず、結果として、システムの展開を中断せざるを得なくなり、業務改善は進展しませんでした。

業務改善を達成するためには、もう一度、本部の推進体制を立て直した後に、再挑戦をする必要があるでしょう。

第1章のまとめ

● 業務改善には、「正しい考え方」と「正しいやり方」、そして「正しいツール」が必要です。

● 管理指標としてのマンアワー (MH) は、シンプルだけど応用範囲が広いとても使い勝手の良い指標です。

● 「必要MH」「投入MH」「過不足MH」は、店舗の見える化を実現するための強力な指標となります。

● レイバー・スケジューリング・プログラム (LSP) の理論は、本書で説明するシフト管理で実践できます。

● 新しい視点に立った雇用形態の推進や従業員のスキル教育の推進なども、マンアワー管理から実現可能となります。

● シフト管理システムの導入は、情報システム部門中心の従来のシステム導入とは全く違います。

● 生産性を10%アップできれば、月間で数千万円という利益アップも可能です。

第 **2** 章

課題の核心、
「シフト管理」の
役割を知る

Plan-Do-See。
「先を計画する機能」と考えたい

　前章で説明したLSPは、米国からもたらされた考え方ですが、日本においてはなかなか定着しませんでした。その理由の一つは、LSPを厳密に導入しようとすると、事前準備が大変なことと、運用する側の現場の負荷が大きくなり過ぎる点にありました。また、LSP導入を支援する優れた情報システムも存在しませんでした。

　LSPは、どちらかというと考え方が中心であり、それを具体的に展開するための手法として、「シフト管理」が位置づけられます。これにより、LSPというものが理論的なものから、実践的なものとなり、業務改善で具体的に活用できるようになりました。

　シフト管理は、先を読み、効率的な計画を立てるための管理手法であるといえます。具体的には、勤務シフト表や作業割当表という日常的に使用するものを利用して業務改善を行うという意味で、極めて実践的ですし、現場でも受け入れやすいものです。

　簡単にいえば、「勤務シフト表や作業割当表を使ってシフト管理を行い、LSPを実践する」ということになります。

　それでは、勤務シフト表や作業割当表を使ったシフト管理について、具体的に見ていきましょう。

昔から、**段取り8分の仕事2分**（段取りで8割の労力を割き、残り2割を実際の仕事に振り向ける）という表現がありますが、それだけ段取りが重要で、段取りの良し悪しが結果に大きく影響を与えるということを表しています。

店舗もまさしくその通りです。特に労働集約型の典型である店舗では、段取りの良し悪しが営業成績に直結するということは間違いないでしょう。

店舗運営面では、特にシフト管理の良し悪しが作業効率や売場のでき栄えに影響を与え、結果的に営業成績にも影響を与えるということになります。ですからシフト管理を正しく理解し、正しく進めることが非常に重要になってくるわけです。

（1）シフト管理の定義

本書では、シフト管理を以下のように考えていきます。

「店舗作業について、いつ・誰が・どのように行うかを定義し、それらを具体的に従業員に割り当て、仕事のムリ・ムラ・ムダを把握しながら業務を改善する一連の管理」

すなわち、マネージメントサイクルの「Plan-Do-See」を、店舗の作業という切り口で以下のように実践することを意味しています。

Plan：店舗作業を、いつ、誰が、どのように行うかを定義し、

Do：　それらを具体的に従業員に割り当て、

See：　仕事のムリ・ムラ・ムダを把握しながら業務を改善する。

ですから、シフト管理を実践するということは、極めて合理的なことであり、各店舗に任せていた管理を、全社統一した形で実践するための大変有効な手段であるといえます。

(2) シフト管理の現状と課題

シフト管理と聞くと、どちらかといえば、狭い範囲で捉えている人が多いのではないでしょうか?

一番多いのは、「シフト管理」=「従業員の勤務シフト管理」という捉え方です。ですから、勤務シフト表を作成することがシフト管理だと思っている人が多いと思います。

しかし、シフト管理は、それよりも遥かに奥が深いものですし、管理するのが難しい分野に入るものです。

従来の管理手法は、過去のデータを基に分析し、そこから課題を見つけ出し、それを改善に結び付けようとするものでした。

もちろん、シフト管理も同じ機能を有していますが、さらにもう一つ大切な機能を有しています。それが「先を計画する機能」です。

この「先を計画する機能」が、シフト管理を最も特徴づけるものとなっています。

次月の勤務シフト表や作業割当表を作成するということは、必ずしも過去からの延長だけではなく、これから先を見据えて最善の計画を立てることになります。例えば、次月に従業員の大幅な異動があれば、今までの前提条件を見直して、ムリ・ムラ・ムダのないシフト計画をしなければなりません。

しかし、残念ながら、そのような認識がまだまだ浸透していないのが現状です。これは極めてもったいない話といえます。

シフト管理が、先を見通すために有効な管理ツールであるという認識を、是非、持ってもらいたいと思います。そうすることで、シフト管理を正しく理解し、より有効に活用できるようになります。

シフト管理とは？

店舗作業を……

いつ、だれが、どのように行うか……
と定義して、
従業員に割り当てて……

仕事のムリ・ムラ・ムダを把握しながら、
業務を改善する一連の管理のことです！

「作業」「シフト」「割当」「MH」。4つの基本をマスターする

シフト管理は、前述したように、過去データを分析しながら課題を見つけ、改善に結び付けるだけでなく、「先を計画する機能」を持たせるべきものです。

では、シフト管理で求められる「基本機能」とは何でしょうか？ 大きくわけると、以下の4つがあります。

（1）作業計画……店舗で必要となる作業を洗い出し、いつ、どれだけの作業量が発生するかを計画すること。
（2）シフト計画……従業員に対して、いつ、どの時間帯に勤務してもらうかを計画すること。
（3）割当計画……出勤する従業員に対して、何を、いつ、どれだけやってもらうかを計画すること。
（4）MH管理……それぞれの計画がどのように実践されたかを管理し、課題を洗い出すこと。

この4つがシフト管理で求められる重要な機能となります。では、それぞれの機能を、さらに詳しく見ていきましょう。

（1）作業計画

　作業計画では、店舗で行うべき作業を、主に以下の項目に従って定義します。

　　①作業分類名　　　：バック業務、売場業務、管理業務など
　　②作業名　　　　　：荷受作業、値札作業、品出作業など
　　③作業サイクル　　：日次、週次、月次、随時
　　④作業実施曜日　　：月、火、水、木、金、土、日、祝
　　⑤作業実施時間帯：10：00〜11：15、17：00〜18：30など
　　⑥作業人数　　　　：作業を行う必要人数
　　⑦作業割当時間　　：作業者に対する最小割当時間〜最大割当時間

　これらの情報を管理することにより、店舗で必要となる作業量、すなわち必要MHが時間帯別、日別、月別に算出できるようになります。

　また、次に続く、「（2）シフト計画」、「（3）割当計画」、「（4）MH管理」の基礎情報になります。

　LSPの教科書では、各作業に対してストップウォッチを使って作業時間を計測し、一定のスキルがある人をベースとして標準作業時間（RE値）を決めますが、この方法は小売業・サービス業の現場ではかなり負荷が大きいといえます。

　なぜなら、すべての作業に対して正確に時間を計測するとなると膨大な作業が発生すること、また一定のスキルを持った人が誰なのかということが決め難い、というような課題があるからです。

　ですから作業計画においては、LSPの考え方は参考にしつつ、大きな目標である「生産性の向上」という視点から、最初はある程度ラフな時間設定でも十分だといえます。実際、各企業でのシフト管理の導入経験でも、問題になったということは特にありませんでした。

(2)シフト計画

シフト計画とは、(1)の「作業計画」で定義した作業を、確実に実施できるように、必要な従業員を投入する計画のことをいいます。

実務的には、いわゆる「勤務シフト表」と呼ばれるものを作成することになります。

通常、シフト計画の手順は以下のようになります。まずは、みなさんの実務と照らし合わせながら確認してみましょう。

①縦に従業員名、横にカレンダーを記入したシフト表を準備する。
②日々の作業量などを計算して、カレンダーの下に記入する。
③従業員から、希望休日や希望勤務時間などを提出してもらう。
④提出してもらった希望休日などを、シフト表に転記する。
⑤日々の業務が遂行できるよう、従業員の出勤日と時間帯を決める。
⑥全体の調整をして、勤務シフト表を完成させる。

いかがでしょうか？ 手順としては上記のようになっているはずです。しかしながら、実はシフト作成者は、それ以上のことを頭の中で考えながら、勤務シフト表を作成しているといえます。

例えば、以下のようなことです。

・従業員のスキルを考慮して、作業が確実に行われるようにする。
・人手が不足する日は、他店舗に応援依頼する。
・店の責任者とサブの人は、同時に休まないようにする。
・開店時、閉店時には、カギ所有者が必ずいるようにする。
・発注日には、発注ができる人を必ず出勤させるようにする。
・労働基準法で決められているルールを逸脱しないようにする。

- 月間のMH予算をオーバーしないようにする。
- 極力平等なシフトを組み、不平不満がでないようにする。
- 土日の休みが平等になるようにする。
- 残業が特定の人に偏らないようにする。
- 有給休暇が平等に取れるようにする。
- 新人はベテランと同じ出勤日になるようにする。
- 従業員教育の時間が取れるようにする……など。

このように、実に多くのことを考慮しながら、非常に多くの時間を割いて、シフト作成者は、勤務シフト表を作成しています。

ところが、それでも従業員からの不平不満はなくなりません。シフト作成者の苦労は相当なものであることが想像できます。

このような問題を解決する手段として、シフト管理システムがあるわけです。

(3) 割当計画

割当計画とは、(1) の「作業計画」で定義した業務を、(2) の「シフト

計画」において出勤を指示した従業員に対して、やるべき作業として、どのようなものを割り当てるかを計画することを意味します。

割当計画の手順としては、だいたい、以下のようになります。

①縦に従業員名、横に時間帯を記入した、日別の作業割当表を準備する。

②その当日行う作業を、優先度の高い作業から、順次、割当可能な従業員に割り当てていく。

③すべての作業を割り当てた後で、割当ができなかった作業に対して何らかの対応策を考える。

④それぞれの作業を見極め、ある作業が、その当日に実施することが特に必須でなければ、翌日以降に回すか、あるいは行わないといった判断をする。

⑤その当日にやるべき作業で、どうしても実施する必要がある場合は、他部門または他部署などから応援要員を確保する。

⑥全体を調整して、1日分の作業割当表を完成させる。

いかがでしょう？ 割当計画の手順は、このようになるはずです。ただ、これも勤務シフト表と同様、実はそれ以上に様々なことをシフト作成者は頭の中で考えながら、作業割当表を作成しています。

シフト作成者が考えていることには、以下のようなことがあります。

①作業可能者が複数人いた場合、より適任者を様々な角度から考えて決定する。

②作業に与える影響が最小限になるよう、従業員が休憩を取る時間帯を分散調整する。

③本社会議への出席者や出張者などがいた場合、その人たちを除いた形で作業の割当を行う。

④作業割当がなるべく平等になるよう、過去の割当状況を考慮しながら割当を行う。

⑤作業と作業の関係性を考慮しながら、同じ人に関係する作業をまとめて割り当てるようにする。

⑥休憩後の作業は、時間的に余裕のある作業をなるべく割り当てるようにする。

⑦場所的に離れている作業は、移動時間を考慮して作業開始時間を決める。

⑧体力的または精神的にきつい作業は、なるべく連続しないように考慮する。

⑨一人が行う作業可能な最大時間を超える場合、同じ作業を複数人に分けて割当を行う。

⑩急な休みが出た場合は、出勤している従業員だけで再度作業を割り当てる……など。

このように、実に多くのことを考慮しながら、担当者は作業割当表を作成します。かつ、1ヵ月分の作業割当表を作成する必要がありますから、勤務シフト表の作成以上に多くの時間を割いて作業割当表を作成しているのです。ですから、手作業で精度の高い作業割当表を作成することは、不可能に近いといえます。

そこで、やはりシフト管理システムが必要になってくるわけです。

（4）MH管理

　MH（マンアワー）の基本に関しては、第1章の「『店舗』の業務改善を成功に導くために」で説明しましたので、ここでは重要な点だけを述べます。MH管理とは、各店舗で計画された「勤務シフト計画」および「作業割当計画」を基に、どこに・どのような、ムリ・ムラ・ムダがあるかを把握することでしたね。

　MHは、先にも述べたように、必要MH、投入MH、過不足MHと3つの指標があります。

　それらの指標を時間軸で見る場合は、「年間MH」「月別MH」「週別MH」「日別MH」「時間帯別MH」という捉え方をします。

　また、組織軸で見る場合は、「全社MH」「エリア別MH」「店舗別MH」「部門別MH」という捉え方がありました。

　このように極めてシンプルなものですが、管理上の応用範囲は大変広いものがあります。

　個々の店舗における管理で使用できるのは当然ですが、多店舗展開をしている小売業・サービス業においては、全店舗を横串で見ることができるため、本社側から見ても大変有効な管理ツールとなります。

　これに準ずるような資料を作成している企業も多いことかと思いますが、MH管理との違いは、「必要MH」と「過不足MH」を把握しているか否かです。現状は、結果としての投入MHだけを集計しているケースが多く、どこに、ムリ・ムラ・ムダがあるのかが判断できないものとなっています。

　過不足MHを把握してこそ初めて、ムリ・ムラ・ムダがある具体的な時間帯や曜日などがわかってくるのです。その意味において、MH管理は、極めて有効な手段であることを重ねて理解してください。

シフト管理の4つの基本

「作業計画」「シフト計画」
「割当計画」「MH管理」の関係性とは？

作業計画

必要な作業を洗い出し
いつ、どれだけの
作業量が
発生するかを計画

シフト計画

従業員に対して
いつ、どの時間に
勤務してもらうか
計画

割当計画

出勤する従業員
に対して
何を、いつ、どれだけ
やってもらうか計画

MH管理

それぞれ計画が、
どのように
実践されたかを管理し、
課題を洗い出す

第2章のまとめ

- LSPはどちらかというと考え方が中心であり、それを実践するのがシフト管理です。

- シフト管理は、普段から馴染みのある勤務シフト表と作業割当表を使って実践します。

- シフト管理は、普通一般的に考えられているより遥かに奥が深いものです。

- シフト管理の「先を計画する機能」が、シフト管理を最も特徴づけているものです。

- シフト管理に求められる機能は、①作業計画、②シフト計画、③割当計画、④MH管理の4つです。

- 勤務シフト表および作業割当表を作成している管理者にとっては、非常に負担の大きな作業です。

- 勤務シフト表および作業割当表を素早く、精度高く作成するためには、シフト管理システムが必須です。

第 **3** 章

理想的な
「勤務シフト表」とは？

「会社」「店舗管理者」「従業員」の立場を考慮しよう！

　業務改善に役立つ理想的な「勤務シフト表」といっても、会社の立場と店舗管理者の立場では違ってきますし、従業員（主にパート・アルバイト）の立場でも、その意味するところは違います。

　会社は、当然、経営的な視点から勤務シフトを捉えますし、店舗管理者は、自店の運営面から考えます。また、パート・アルバイトは、個人の希望を満足させようとする視点で考えると思います。それぞれの立場の違いは、具体的には以下のようなものでしょう。

〈会社の立場〉

売上に見合ったMH予算内で店舗運営したい。

店舗を一定のサービスレベルで維持したい。

〈店舗管理者の立場〉

パート・アルバイトを上手く活用したい。

残業や休日出勤はなるべく避けたい。

〈従業員の立場〉

希望の収入を確保したい。

希望の曜日や時間帯で働きたい。

　これらの会社の立場、店舗管理者の立場、および従業員の立場を最大限考慮した勤務シフト表こそが、業務改善に役立つ理想的な勤務シフト表であるといえます。では、それぞれの立場ごとに、勤務シフト表について考えてみましょう。

会社サイド／"MH予算"発想で 計画的に立案する

　会社の立場は、経営的な視点が中心になりますから、細かなことは別として、計画通りの店舗運営ができているか否かになります。

　そこで重要になるのが、売上予算に連動した「MH予算」になります。

(1) MH予算の算出方法

　MH予算は、売上予算を人時売上高で割ることで計算します。

（MH予算の算出式）

MH予算 ＝ 売上予算 ÷ 人時売上高

　ここで注意が必要なのは、MH予算はあくまでも予算であり、必ずしも店舗の実態を正確に反映しているわけではないということです。

　基となる売上予算も人時売上高も、会社側の希望が入った数字になるケースが多々ありますから、ここで算出される数値は、会社側の希望である「MH予算」と店舗側の実態である「必要MH」との乖離がどの程度あるのかを、認識するための数字になります。このことを、会社側も店舗側も正しく認識するようにしましょう。

　もしも、MH予算と必要MHの乖離が大きいことになった場合、それぞれ、以下のような状況になります。

■MH予算＞必要MHの場合

　この状態は、余裕のあるMH予算内で作業をこなせばよい状態を意味しますので、店舗側では比較的余裕のある運営が可能となります。その半面、ムダな人員投入になりやすく、作業の効率性も低下する可能性がありますので、MH予算を適正なレベルまで下げるか、店舗作業を見直して質を上げるか、またはその両方を検討する必要があります。

■MH予算＜必要MHの場合

この状態は、厳しいMH予算内で作業をこなさなければならない状態を意味しますので、店舗側では、余裕のない運営にならざるを得ません。そのため、MH予算に合わせるためのムリな残業や休日出勤などが行われる可能性があります。または、やるべき作業が行われず、店舗のサービスレベル低下を招く可能性がでてきます。

この場合には、MH予算を適正なレベルまで上げるか、店舗作業を見直して不要な作業を削るか、その両方を検討する必要があります。

(2) シフト表上での数値管理

これまで説明してきた各種MHは、通常、シフト表のヘッダー部に表示されます。以下の勤務シフト表を確認してみてください。

この勤務シフト表からは、次のようなことがいえます。

〈勤務シフト表〉

売上予算	19,800	550	550	550	550	550	1,000	1,200
MH予算	2,475	69	69	69	69	69	125	150
必要MH	2,440	65	65	65	65	65	130	155
投入MH	2,436	66	70	65	73	65	120	150
必要MH-MH予算	-35	-4	-4	-4	-4	-4	5	5
投入MH-必要MH	-4	1	5	0	8	0	-10	-5
氏名	日付	1日	2日	3日	4日	5日	6日	7日
氏名	曜日	月	火	水	木	金	土	日
正社員A		早番	公休	遅番	中番	公休	早番	遅番
正社員A		公休	早番	中番	公休	早番	遅番	早番
正社員B		遅番	中番	公休	早番	中番	公休	公休

- 売上予算と人時生産性から算出されたMH予算より、店舗の実態を表す必要MHの方が35MH少なくなっています（月間合計）。
  - ➡ この場合には、MH予算の設定が少し多めな状況にあります。しかし、日別で見ると、平日は予算の方が多め、土日は逆に予算の方が少なめになっていることがわかります。ですから、月間合計だけでなく、日々の曜日特性も確認する必要があります。

- 必要MHと投入MHは、ほぼ同じになっています（月間合計）。
  - ➡ この場合、必要な人員は無駄なく投入されているようにみえます。しかし、日別に考えると、平日は多めの人員、土日は少なめの人員の投入になっていることがわかります。この場合も、月間合計だけでなく、日々の曜日特性も確認する必要があります。

このように、算出されたMHを毎月確認していくことで、どこに、ムリ・ムラ・ムダがあるかを数値として把握することが可能です。この数値で、ムリ・ムラ・ムダを把握するということが、業務改善に繋がる非常に重要なポイントになります。

(3) 業務改善に向けて

　的確な業務改善を推進していくためには、まずは、会社の視点である「売上に見合ったMH予算内で店舗運営したい」、および「店舗運営を一定のサービスレベルで維持したい」ということを、それぞれの各店舗に理解してもらわなければなりません。

　そのためには、MH予算の妥当性を、必要MHとの関係で説明することが重要になってきます。

　必要MHは、店舗を運営する上で必要な作業時間の合計を表しているわけですから、MH予算が必要MHと同じであることは、MH予算の妥当性を証明することになります。

　逆に、MH予算が必要MHと乖離している場合は、店舗側からしたら必要MHの妥当性を会社側に証明することで、MH予算を必要MHに近づけてもらうことも可能となります。

　現状、様々な企業では、どちらかといえば、精神論でMH予算を店舗側に押し付けているケースが多いかと思います。

　ただそれらは、実状とかけ離れたかなり強制的な数字となっており、現場は、過残業やサービス残業などで何とか対応しようとしているのではないでしょうか？

　これからは、MHでお互いに会話することで、双方納得した形でMH予算を決めることができるようにしたいものです。

　いずれにせよ、会社側と店舗側でMHを共有することが業務改善を前進させる基本になるものといえます。

COLUMN

　某衣料品専門店では、シフト管理システムの導入を機に、以前から行われてきた「売上予算管理」にプラスした形で、「MH予算管理」を導入しました。

　この目的は、「MH予算」と「必要MH」との比較を行い、月間での差、日々での差がどの程度であるかを把握することにありました。

　その結果、会社側で設定されたMH予算では、かなり厳しい店舗と、逆に、かなり余裕がある店舗が明確になり、それぞれの店舗における実情にあった予算の設定が可能になりました。

管理者サイド／ルール順守で "MH"のマッチングを狙う

　店舗管理者の立場は、店舗運営のための視点が中心になりますから、いかにしたら会社側の要求を実現できるかということと、一緒に働くパート・アルバイトの人達をどれだけ上手に活用できるか、ということがポイントになります。それらをベースに考えていきましょう。

(1) 必要MHと投入MHのマッチング

　会社からの指示であるMH予算（≒必要MH）を達成するためには、必要MHと投入MHのマッチングが何といっても重要な課題になります。

　いくら正確な必要MHが算出されたとしても、実際のコストとして出費される投入MHが必要MHとアンマッチでは何の意味もありません。

　ですから、どうにかして投入MHをコントロールするのが店舗管理者の役割となります。

　そのためには、誰をいつ出勤させるか、誰をいつ休みにするか、といったことが非常に重要になります。

　しかし、ただ投入MHが必要MHにマッチングすれば良いというものではありません。

　守らなければならない会社ルールや労基ルールがありますし、働いている従業員の個別事情もあります。

　これらを可能な限り満たした上で、それぞれの出勤や公休を決める必要があるのです。

　ここが難しい点であると同時に、ここの部分が上手くコントロールできれば、人時生産性は確実にアップしていきます。

（2）労基ルール、会社ルールの順守

　労基ルールには、年齢や国籍別に異なる基準が決められています。そして、労基ルールは必ず守らなければならないものです。例えば、18歳未満は22時以降の就労は禁止されていますし、1日8時間を超える労働は認められていません。

　これら労基ルールのほかにも、会社独自に決められたルールがあります。通常、会社ルールは、労基ルールよりも厳しい基準の設定となります。例えば、労基上の1日の法定労働時間は8時間ですが、会社の所定労働時間が7時間の場合、7時間を超えた場合に警告を出すというようなルール設定となります。

〈労基ルール＆会社ルール〉設定例

年齢	国籍	期間	制限	対応	備考
18歳以上	日本	日	7時間超過	警告	会社ルール
		日	13時間以上	禁止	会社ルール
		週	35時間超過	警告	会社ルール
		週	60時間以上	禁止	会社ルール
		月	140時間超過	警告	会社ルール
		月	200時間以上	禁止	会社ルール
	外国	週	28時間超過	禁止	労基ルール
18歳未満	日本	日	8時間超過	禁止	労基ルール
		週	40時間超過	禁止	労基ルール
	外国	週	28時間超過	禁止	労基ルール

※その他、連続勤務日数の制限や連続公休日数の制限なども考慮する必要があります。

　上記を踏まえて最終的に作成された勤務シフト表が、労基ルールおよび会社ルールの基準を満たしているか否かのチェックは、かなり手

間のかかるものです。従って、これらのチェックは、システム化で解決を図るべき内容だといえます。

(3) 従業員の要望を最大限考慮

次に、従業員からの個々の要望ですが、会社のルールに則っている限り最大限考慮する必要があります。

例えば、

- 配偶者控除の範囲内に抑えたいので、月70時間以内で働きたい。
- 子供のために、月2回は日曜日に公休を取りたい。
- 体力面を考えて、連続勤務は4日以内にしたい……など。

これらの希望を満たした中で、最適なシフトを作成するわけですが、会社側からしたら、柔軟に働ける従業員が必ず必要となります。

ですから、シフト作成者は、どのような要望は柔軟性が高く、どのような要望は柔軟性が低いかを認識しておく必要があります。

〈従業員の要望とシフト作成における柔軟性との関係〉

従業員の要望	柔軟性高	柔軟性低
①週の労働時間	最小時間～最大時間	固定時間
②月の労働時間	最小時間～最大時間	固定時間
③勤務可能な曜日	月～日	固定曜日
④勤務可能な時間帯	長い	短い
⑤勤務可能な労働時間	最小時間～最大時間	固定時間
⑥祝日の出勤可否	可	不可
⑦土日の休日取得日数	希望無	希望有
⑧担当業務	多い	少ない

会社側から見たら、明らかに柔軟性が高いほうが良いといえます。柔軟性が高いと、日々の作業量に合わせて柔軟に人員を投入できます

から、ムリ・ムラ・ムダを最小化することが可能となります。

　しかし、柔軟性が高い働き方を受け入れるには、勤務シフト表を作成する際の難易度が各段に高くなるという側面があります。柔軟性が高い分、いろいろな組み合わせが可能となり、人手だけで勤務シフト表を作ること自体が極めて難しくなります。

　ムリ・ムラ・ムダの最小化を図りながら、柔軟性の高い働き方に対応するためには、やはりシステムの力を借りる必要があるでしょう。

従業員サイド／"ヤル気"と"安定生活"のバランスを！

　従業員であるパート・アルバイトの立場は、与えられた仕事をキッチリこなせるか否かということと、そして、希望する収入や希望する働き方ができるか、ということがポイントになります。

（1）モチベーションの維持・向上

　パート・アルバイトも働いている以上は、仕事を通して自分の能力を向上させたいという思いを持っています。

　長期間働いてもらい、貴重な戦力になってもらうためには、モチベーションの維持・向上が欠かせません。

　そのためには、シフト管理的な側面からいうと、

・ やるべき仕事の内容が明確になっていること

・ やるべき仕事の量が明確になっていること

・ 一度決めたシフトの変更が少ないこと

・ シフト決めに偏りがなく、平等であること

・ 突発的な追加仕事が少ないこと

などが必要な要素となります。

　これらの要素が、勤務シフト表作成において担保されていることが、重要になってくるといえます。しかし、この点に関しても、システムの力を借りないと、実現はなかなか難しいものです。

（2）生活の安定

　パート・アルバイトの中には、生活費を得たいために働いている人も

多くいると思います。それぞれの事情によって、月ごとに稼がなければならない金額というものもあるかと思います。

　会社側としては、可能な範囲でそれらの要望を満たそうとするわけですが、あまり考慮し過ぎると、無駄なコストを発生させてしまうという問題もあります。

　そこで必要になるのが、単月だけで考えるのではなく、1年を通して、お互いが納得する働き方を見つけ出すという考え方です。

　通常、1年の中には、仕事の繁忙月と閑散月があります。繁忙月にはなるべく多く働いてもらい、逆に閑散月には少なく働いてもらう、といった工夫が必要になってきます。

　そのためには、仕事の多寡に合わせて月毎の必要MHを決め、それに対応した出勤日数または労働時間を決めていきます。

下の「年間稼働計画表」を見てみましょう。

〈年間稼働計画表〉

月度	年間	1月	2月	3月	4月	〜	12月
必要MH	38,000	3,100	2,300	3,200	3,000	〜	4,800
Aさん	180日	15日	12日	17日	15日	〜	22日
Bさん	160日	14日	10日	16日	14日	〜	20日
Cさん	140日	12日	8日	14日	12日	〜	18日

この表の場合、2月が閑散月、12月が繁忙月となり、2月は通常月より少なく、12月は通常月より多く働いてもらうようにしています。

これにより、月々の賃金は変動しますが、年間では約束した賃金が支払われるという仕組みができます。

特に、配偶者控除の関係で130万円以上は働けない、などというパートの方には有効です。

このように、予め年間での働く日数を決めておくことで、会社側は安心して人員の確保ができ、パート・アルバイト側は安心して働くことができるようになります。

COLUMN

　某アミューズメント企業は、パート・アルバイトの採用時における雇用契約で、働く側の希望をほぼそのまま受け入れていました。

　しかし、シフト管理システムの導入を機に、どこに、ムリ・ムラ・ムダがあるかがしっかりと見えるようになったことと、かなり複雑な組み合わせでも短時間で勤務シフト表が作成できるようになったメリットを生かして、店舗側が求める雇用条件の人を採用するように方針を転換しました。

　当初は、パート・アルバイトが受け入れてくれるかどうか不安でしたが、逆にパート・アルバイトには働く条件が明確であることが好評で、以前よりは採用がしやすくなっているそうです。

勤務シフト表が持つ
「5つの重要機能」を手に入れる

これまで、勤務シフト表に求められる基本機能について説明してきましたが、勤務シフト表にはさらにいくつかの重要な機能があります。

それは、以下の機能になります。

（1）店舗応援機能
（2）有休管理機能
（3）コミュニケーション機能
（4）欠員募集機能
（5）勤怠連携機能

また、勤務シフト表の基本機能と応用機能との関係は、以下のようになります。

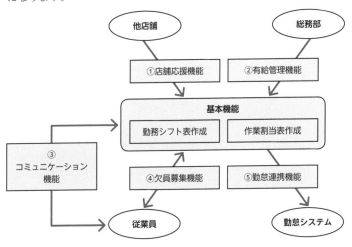

これらを踏まえて、それぞれの機能について見ていきましょう。

（1）店舗応援機能

　勤務シフト表を作成する際、自店の要員が不足する場合に、他店や他部門、または本部に応援を依頼することがあります。

　その際、応援者を受け入れる側の勤務シフト表には、いつ、誰が、どこから応援にくるのかがしっかりと明記され、応援者を出す側の勤務シフト表には、誰が、いつ、どこへ応援に行くのかが正確に明記されることになります。

　この店舗応援を人手だけで対応しようとすると、かなりの手間がかかります。人手による店舗応援の流れとしては以下のようになります。
- ・自店のいつ、どの時間帯に不足が生じるかを把握する。
- ・その時間帯に余裕のある他店や他部門を探す。
- ・候補が見つかったら、電話などで応援の依頼をする。
- ・交渉が成立したら、該当者に応援を指示してもらう。
- ・最後に、双方の勤務シフト表に応援内容を書く。

　以上のような流れになりますが、自店のどこで要員不足が生じているか、ということを把握すること自体が、かなり面倒だといえます。

　月間の勤務シフト表だけでは、要員不足の時間帯まで把握することはできません。そのため、日々の時間帯別の体制がどうなっているかを確認する必要があります。これを人手で、1ヵ月分すべてを確認するだけでもかなりの時間を要します。

　また、どこに余裕のある人員がいるのかを探し出すのも容易ではありません。当てにした店舗や部門に問い合わせをして、人員の状況を確認する必要がありますので、その苦労は相当なものです。

　また、これも交渉ごとですから、すんなり決まる場合と手間取る場合があり、担当者には気が重い仕事の一つとなります。

そのような状況ですから、何らかのシステムの力を借りないと、なかなか効率化を図るのは難しいといえます。

そこで、シフト管理システムの登場になるわけですが、シフト管理システムにおける応援機能では、以下のようなものがあります。

- 自店で要員が不足する時間帯を、赤字などで素早く教えてくれる。
- 本部では、全店舗を一覧で確認でき、応援者が欲しい時間帯で余裕のある店舗を素早く把握できる。
- 応援者を出す側が該当従業員に応援指示を出すと、応援者を受け入れる側の勤務シフト表にもその内容が連動して表示される。
- 受け入れ側の投入MHが自動的に加算され、応援側の投入MHが自動的に減算される。

これらのシステムを利用することで、勤務シフト表上で素早く対応できるようになりますので、担当者の負荷は大幅に軽減されます。

(2) 有休管理機能

勤務シフト表を作成する際、通常の公休のほかに、有給休暇の取得が必ずあります。従業員から有給休暇の取得申請があると、その従業員の有休残日数を確認し、問題がなければ有休申請を受理します。ただ、こういった有休残日数の管理は意外と面倒なものです。

付与する有休日数は、入社時期や勤続年数により違ってきますし、付与するタイミングも違います。通常は、リアルタイムに有休残日数を管理していないため、全員の月初有休残日数を計算して、申請があると月初有休残日数と照らし合わせて許可をしています。この月初有休残日数の計算は、かなり面倒な仕事です。そして、月次の締め段階で有休残日数を改めて計算し、仮にオーバーしている人がいたら、後で訂正処理をしている企業の方が多いのではないでしょうか。

これを、有休申請があったタイミングで、申請者の有休残日数を把握しようとしたら大変です。1年以上勤務している人は、ある一定のタイミングで自動的に有休残日数が更新されますが、入社1年未満の人は入社時期によって有休日数の付与が異なってきます。

　そこで、シフト管理システムに求められるのが、リアルタイムな有休残日数の管理です。次月の勤務シフト表作成段階では、前月からの繰り越しの有休残日数が自動的に計算され、有休申請がある都度、有休残日数をリアルタイムに更新する機能が必要となります。

　また、実際に有給休暇を取得したか否かは、最終的には、勤怠システム側での把握となりますから、勤怠システム側から実際に取得した有給休暇の情報をもらい、シフト管理システム側の有休残日数を修正する必要があります。

　このようにすることで、店舗管理者の負荷は大幅に削減されます。

▌(3) コミュニケーション機能

　勤務シフト表を作成するには、従業員とのコミュニケーションを密にする必要があります。前述の有休申請もそうですし、勤務や休みに対する従業員側の希望や理由を聞いたり、また逆に、店舗側の事情を従業員側に伝えたりと、従業員とのコミュニケーションは極めて重要なものとなっています。

　しかし、シフト管理者にとっては、このコミュニケーション対応に大変多くの時間を要しているのが実態であり、シフト管理者の心理的負荷にもなっているのです。特に、希望休の申請を許可すべきかどうかが大変です。とはいえ希望休は、平等に許可しないと従業員の不平不満にもつながります。また同時に、希望休を許可することで、仕事が上手く回るかどうかも考えなければなりません。

最終的には、従業員の希望に対する検討結果を、それぞれの従業員に知らせなければなりませんが、実はこれも、店舗管理者からしたらかなりの負荷になります。

　従業員に連絡をして、1回ですんなりと決まるケースもありますし、なかなか決まらないケースもあります。また、せっかく次月の勤務シフト表を確定しても、月の途中で従業員からの変更希望もあります。

　そこで、やはりシフト管理システムが必要になってくるのですが、シフト管理システムでは、以下のような機能を提供します。

- 従業員側の勤務や休みの希望は、スマホから収集しますが、同時に、申請理由もスマホから収集できます。
- 申請内容を勤務シフト表に反映し、従業員側からの申請内容を一覧で見られるように表示します。
- 店舗管理者は、個々の申請内容を確認し、許可または不許可の判断をします。
- 最後に、同じくスマホを通して、申請者に結果を連絡します。

　このような流れを作ることで、店舗管理者と従業員との間のコミュニケーションは大幅に効率化され、同時に、双方のストレスも大幅に軽減されます。

　ただし、月の途中での変更希望は、シフト管理システムでも対応が難しい面があります。一度確定した勤務シフト表ですから、ほかの従業員に影響を与えるようなことは極力避けなければなりません。

　ですから、従業員の追加希望で勤務シフト表を変更するのではなく、穴の開いたところを、前述した店舗応援や後述する欠員募集などで対応するのが現実的だといえます。

(4) 欠員募集機能

　先に説明した店舗応援は、主に他店や他部門の出勤者に対して応援を依頼することですが、欠員募集は、主に自店や自部門の公休者に対して出勤を依頼するものです。

　一旦、次月の勤務シフト表を確定した後で、どうしても要員が不足する日時に対して、公休者に出勤を依頼することになります。

　欠員募集の現状課題としては、以下のようなものがあります。
・ 店舗応援と同じですが、どこが要員不足なのかを調べるのに時間がかかる。
・ 公休者一人ひとりに電話などで依頼しなければならないので、手間と時間がかかる。
・ せっかくの休みに出勤をお願いしなければならないため、依頼そのものが心理的負担になっている。

　これをシフト管理システムで行うとすると、以下のような機能を利用できるようになります。
・ 自店で要員が不足する時間帯を、赤字などで教えてくれる。
・ 欠員募集の要件である、日時、人数、締切日などを指定する。
・ 該当日の公休者に対して、募集メールを自動的に送付する。
・ 応募があった従業員の内容を締切日になったら確認する。
・ 応募者の中から採用する人と採用しない人を確定する。
・ 採用された人には、出勤確定メールを自動的に送付する。
・ 同時に、採用しなかった人へもお礼メールを自動的に送付する。
　以上のようになりますが、これらの機能を上手く活用することで、欠員募集の管理や事務は大幅に効率化されますし、シフト作成者の心理的負担も大幅に削減されるようになります。

(5) 勤怠連携機能

　勤怠管理システムでは、事前に勤務予定を登録することを前提としているものが多くあります。もちろん勤怠管理システムの方でも、勤務予定をエントリーする画面は用意されていますが、エントリーに時間を要するという難点があります。

　そこで、シフト管理システムには、確定した次月のシフトデータを勤怠管理システム側に連携する機能があります。これにより、勤怠管理システムの方で、勤務予定をエントリーする必要がなくなり、大幅な効率改善に結びつきます。

　また、勤務シフト表は、勤務の予定を計画するものですから、計画通りに勤務されたかどうかはわかりません。従って、勤務や休みに変更が生じた際には、勤務シフト表を都度メンテナンスするのが原則なのですが、現実的にはなかなか難しい面もあります。

　そこで、勤怠管理システムから勤務実績データを連携して、勤務シフト表を自動的にメンテナンスすることが効率的だといえます。

　いずれにせよ、シフト管理システムと勤怠管理システムとがデータ連携することで、業務の効率化が図られると同時に、勤務計画と勤務実績の予実管理が可能となります。

　以上の(1)から(5)までが、勤務シフト表に関連した応用機能になります。これらを考えると、今まで人手で対応してきた場合は、どれだけシフト管理者の労力と負担が大きかったかがわかると思います。

　シフト管理システムを活用する場合には、基本機能だけではなく、応用機能を完備したものを使用することがポイントになるでしょう。

「勤務シフト表」5つの重要機能

「勤務シフト表」には、
"応用機能"も求めたいもの。
そこには、重要な
5つのポイントがあります……

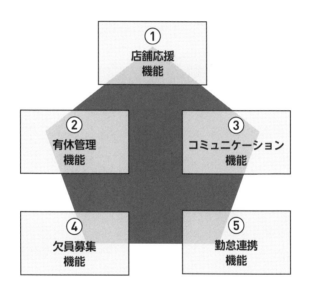

① 店舗応援機能

② 有休管理機能

③ コミュニケーション機能

④ 欠員募集機能

⑤ 勤怠連携機能

基本機能に加えて、
これらの"応用機能"を完備させると
業務改善に大きな効果を
発揮させることができます！

第3章のまとめ

● 理想的な勤務シフト表といっても、会社や店舗管理者、または従業員の立場で変わってきます。

● 会社の立場は、「MH予算内で店舗運営したい」「店舗を一定のサービスレベルで維持したい」となります。

● 店舗管理者の立場は、「パート・アルバイトを上手く活用したい」「残業や休日出勤はなるべく避けたい」となります。

● 従業員の立場は、「希望の収入を確保したい」「希望の曜日や時間帯で働きたい」となります。

● 勤務シフト表の機能は、基本機能の他、店舗応援機能、有休管理機能、コミュニケーション機能、など広範囲におよびます。

● 基本機能と応用機能が相まって、シフト管理システムとしての威力を発揮します。

● シフト管理システムは、理想的な勤務シフト表を作成する上での必要不可欠なシステムです。

第 **4** 章

最善の「作業割当表」を
作るために

「売場」と「レジ」、作業割当表が意味するもの

業務改善に役立つ理想的な作業割当表とは、「作業割当表が自動で作成され、かつ自動作成後の手修正が極力少ないもの」ということになります。

但し、「言うは易く行うは難し」という言葉がぴったり当てはまるのが、この作業割当表の作成ではないでしょうか？

これまで、多くの企業がチャレンジしても、なかなか成功しなかった分野でもあります。

この章では、「売場部門」と「レジ部門」に分けて、業務改善につながる作業割当表について説明します。なぜならば、売場部門とレジ部門で、作業割当表の機能に大きな違いがあるからです。

売場部門における「作業割当表」と呼ばれるものは、スーパーマーケットのような量販店に限らず、衣料、食品、雑貨などの専門店チェーンや各種サービス業でも必要とされるものです。

一方、レジ部門における「作業割当表」は、スーパーマーケットやホームセンターなどでの集中レジに特化したものとして捉える必要があり、売場部門とレジ部門は別のものとして見る必要があります。

売場部門で必要なこと／自動作成条件、随時作業、変動作業

まずは、「売場部門」から考えていきましょう。

（1）精度の高い自動作成の条件

売場部門における作業割当表で、精度の高いものを自動作成するためには、概ね以下の3項目が整っている必要があります。

①実施すべき作業が明確に定義されている。

②従業員スキルと実施作業が関連づけられている。

③作業割当の平等性が考慮されている。

以上の3つの条件について、その詳細を見ていきます。

① 実施すべき作業が明確に定義されている

「精度の高い自動作成の条件」の1つ目は、実施すべき作業が明確に定義されているか、という点になります。

実施する作業を明確に定義するためには、以下の項目が必要です。

- 実施サイクル（日次、週次、月次、随時）
- 実施曜日（月、火、水、木、金、土、日、祝）
- 実施日（毎月10日、20日、など）
- 作業時間（60分、など）
- 作業時間帯（10:00〜12:00、など）
- 実施人数（最小人数、最大人数）
- 割当時間（最小時間、最大時間）
- 作業間の相対的な優先順位

この中で補足が少し必要なものとして、「作業時間帯」があります。作業時間帯には固定的なものと流動的なものがあるのです。

　例えば、「開店前作業」は開店前に確実に行う必要がありますから作業時間帯は固定的になりますが、「月報作成」など比較的余裕があるときに行えば良いものもあり、作業時間帯は流動的になります。

　その日の内に終了させれば良い月報作成は、営業時間帯の中で実施可能な時間帯を探して適切に作業を割り当てれば良いわけですから、作業時間帯固定の作業の後に割り当てを行うことになります。

　そうすることで、より現実的な作業割当てが可能となり、作業の割当率（未割当作業の少なさ）も向上します。

　また、「作業間の相対的な優先順位」に関してですが、これは、作業に人を割り当てていく際に、どの作業から先に割り当てていくかを指定するものです。例えば、接客＞発注作業＞品出作業＞報告書作成、という優先順位の設定であれば、まず初めに、接客から人を割り当て、次に発注作業という順番になり、最後に報告書作成となります。

　従って、必ず行わなければならない作業ほど、優先順位は高く設定することになっていくのです。

　これだけを見ると簡単そうですが、難しい面があります。例えば、

・ 会社として作業が統一されていないケースも多く、全店舗共通で使える作業定義書を作成するまでに時間と労力がかかる。

・ 作業は全店共通で整理できても、実施時間帯や実施人数などの各項目は、各店舗で違う設定をせざるを得ないケースもでてくる。

・ 全店共通で整理した作業の他に、店舗固有の作業を追加しなければならないケースもでてくる。

　以上のようなことがあり、初期作成段階だけでなく、途中の改定段階でも、かなりの労力をかけて情報を整理する必要があります。

②従業員スキルと実施作業が関連づけられている

「精度の高い自動作成の条件」の２つ目は、従業員スキルと実施作業が関連づけられているかということです。当然、作業の中には実施できる人と実施できない人がいますので、そこを区分けして管理する必要があります。

また、実施する人が複数人いる場合、より優先的に作業を割り当てたい人と、割り当てる人がいない場合に割り当てたい人ということもあります。そのため、従業員スキルと割当作業の関連づけが必要になってきます。

以下の表は、従業員スキルと割当作業との関連づけの例となります。

従業員	発注作業	接客対応	品出作業	事務作業
Aさん	◎	○	○	◎
Bさん	○	◎	◎	×
Cさん	×	△	◎	×

この例では、以下のような意味合いになります。

・ 発注作業……Aさんを優先的に割り当て、次にBさん。Cさんは割当不可ということになります。
・ 接客対応……Bさんを優先的に割り当て、次にAさん、最後にCさんという順番で割り当てます。
・ 品出作業……Bさん、またはCさんのどちらかを優先的に割り当て、どちらも駄目な場合にAさんを割り当てるということになります。
・ 事務作業……Aさん以外には割り当てられないことになります。

この例では、◎＞○＞△＞×の4段階で従業員のスキルを管理していますが、実務的には、これで十分となります。

当然、5段階でも10段階でも細分化は可能ですが、メンテナンスが大変です。店舗では、従業員の出入りも多い現状からして、適正にスキ

ル管理をしていく負荷が大きく、あまりおススメではありません。

③ 作業割当の平等性が考慮されている

「精度の高い自動作成の条件」の3つ目は、作業割当の平等性が考慮されているかという点です。現場で働く人にとって、作業が平等に割り当てられているか否かは大きな関心事ですし、作業割当表を作成する人にとっても気を使う部分といえます。

平等化に対して考慮すべき点は、以下の2つとなります。

・ 特定の人に同じ作業ばかりを割り当てない。

・ 特定の人にだけ作業負荷が片寄らない。

これを実現するためには、過去1ヵ月間程の割当状況を考慮しながら、割り当てる従業員をダイナミックに変えていく必要があります。

しかし、あまり平等性を追求し過ぎると、仕組みは複雑化しますし、レスポンスにも影響を与えてしまいます。従って、過度な平等性を追求するのではなく、働く人が許容できる範囲で、気持ち良く働くことができるルールを事前に設定することが重要となります。

また、1ヵ月間の作業割当集計表を作成し、誰でも確認できるものを準備しておくのも良い方法です。往々にして、他人は自分より楽をしているのではないか？ と思いがちな面があります。そのような疑念を払拭して気持ち良く働いてもらうためにも、以下のような集計表など、開示できる情報は開示した方が良いといえます。

〈従業員別作業割当時間集計表〉

従業員	発注作業	接客対応	品出作業	事務作業
Aさん	15h	42h	15h	30h
Bさん	12h	60h	38h	－
Cさん	－	25h	40h	－

割当優先順位や月間所定労働時間も人によって異なっていますので、

必ずしも同じ時間にはなりませんが、同じような条件の人ならば、同じような集計時間になるのが好ましいといえます。

いずれにせよ、平等性というのは人によって感じ方が違いますから、なるべく客観的な数字を開示することが有効です。

(2) 随時作業に対する考慮

作業割当表で難易度が高いものの一つに、「随時作業」の組み込みがあります。今まで述べてきたものは、日次作業や週次作業、月次作業といった定期的に必ず行う作業のことでしたが、店舗では、随時作業という不定期に行う作業もあり、これも作業割当表で考慮しないと不完全になります。随時作業は、以下のようなものになります。

■ いつ実施するかが不定期な作業（主に本部側で決める作業）

- ・ 売場のレイアウト変更
- ・ 陳列商品の入れ替え
- ・ 売価変更
- ・ POPの貼り替え
- ・ チラシ作成
- ・ 出張や会議……など

■ 月によって実施日が変わる作業（主に店舗側で決める作業）

- ・ 棚卸作業
- ・ 催事準備
- ・ シフト作成
- ・ 不良品処分
- ・ 販促会議
- ・ 月報作成……など

前頁で表記した作業は、実施する日時が確定したタイミングで、作業割当表に追加記載する必要があります。

　通常の場合は、手動で作業割当表に追加記載しますが、随時作業の種類が多かったり、発生頻度が多かったりすると結構な手間となり、記載漏れや記載間違いの元にもなります。

　では、どのような対応策があるかというと主に以下が考えられます。

■ 本部とのデータ連携による随時作業の取り込み

　本部で決めて指示ができる随時作業に関しては、各店舗で作業を追加記載するのではなく、本部から随時作業の追加指示がデータ連携されるようにします。これにより、店舗での労力が大幅に削減されると同時に、作業の漏れや間違いも防止することができます。

　前述した以下のようなものは、本部からのデータ連携の対象になり得る作業だといえます。

- ・ 売場のレイアウト変更
- ・ 陳列商品の入れ替え
- ・ 売価変更
- ・ POPの貼り替え
- ・ 出張
- ・ 本社会議……など。

■ 週間・月間計画表とのデータ連携による随時作業の取り込み

　店舗側でも、何らかの目的で、週間・月間計画表を作成していることがあるかと思います。その作成された週間・月間計画表から、一括して随時作業を作業割当表にデータ連携する方法も効率的です。

　随時作業といっても、その日にならなければ実施が決まらないというわけではなく、予めいつ実施するかは事前に決められるものも多いはずです。実施日や担当者が決まったタイミングで週間・月間計画表

をメンテナンスし、これをデータとして連携させれば効率的です。

　前述した以下のような作業が該当するといえます。

・棚卸作業

・催事準備

・シフト作成

・不良品処分

・販促会議

・月報作成……など。

　これらの作業を週間・月間計画表に記載して管理しているとしたら、是非活用したいものです。

　以上の「本部とのデータ連携による随時作業の取り込み」、ならびに「週間・月間計画表の作成と取り込み」は、システム構築面やシステム運用面では多少難しいところはあるかもしれませんが、作業割当表作成の効率化という点からみたら何としても対応したいものです。

(3) 変動作業に対する考慮

　作業割当表で難易度が高いもののもう一つに、変動作業があります。変動作業は、売上や客数によって作業時間が変動するもので、その日によって実施する作業時間が異なってきます。

　本書では、変動作業は、曜日によって実施する時間をある程度決め、固定作業と同じように扱うことを推奨してきました。

　これで十分な企業は多いといえますが、同じ曜日でも作業量が大きく変わってしまう企業では、何らかの考慮をしなければならないケースもでてきます。

　そのような企業のために、ここでは変動作業をどのように扱ったら良いかを説明したいと思います。

　対象になる作業には、以下のようなものがあります。

■ 入荷量で作業時間が変動する作業

　・ 荷受作業／値札付け作業／品出し作業……など。

■ 来店客数で作業時間が変動する作業

　・ 接客業務／サービスカウンター業務／カート整理作業……など。

　特に、入荷量で作業時間が変動する作業は、さらに商品分類ごとや売場ごとに細分化される可能性があり、相当な数に上る可能性があります。

　やはり、これらの作業も毎日手で細かく計算するには、相当な労力が必要になってくるといえます。

　それでは、どのような対応策があるでしょうか？　主に次頁のようなことが考えられます。

■ 本部との入荷予定データ連携による作業時間算定

　通常、入荷情報（いつ、何が、どれだけ入荷するか？）を把握しているのは、本部の基幹システムになります。

　ほぼ毎日、商品発注は行われており、それらは基幹システムを通して各仕入先に発注されますので、入荷予定データは当然システム上に保持されているはずです。

　この入荷予定データを店舗側で受け取り、変動作業毎に作業時間と必要人数を計算することになります。

■ 変動作業時間の計算

　入荷情報は商品単位、または商品分類単位の入荷数量だけですから、そのままでは変動作業時間の計算をすることはできません。事前に商品と作業との対応関係を明確にしておく必要があります。

　例えば、紳士衣料という分類単位での作業の場合、以下のような表を作成します。

作業項目	RE値
①入荷作業	13秒
②値札付け作業	22秒
③品出し作業	15秒

　表内の「RE値」とは、単位あたりの標準作業時間を意味します。上記の例では、紳士衣料1品に対する入荷作業、値札付け作業、品出し作業の作業時間がRE値となりますので、紳士衣料の入荷数に各RE値をかけ合わせれば、必要な各作業時間が計算されることになります。なお、紳士衣料という単位で把握するか、衣料品全体で作業時間を集計するかは、対応する部署との関係で決まります。

　例えば、その店舗で紳士衣料と婦人衣料の担当部署が分かれていれば、それぞれの入荷情報を分ける必要がありますし、担当部署が一緒

であれば衣料品全体の入荷情報を活用することも可能となります。

■作業を行う必要人数の計算

　作業時間に制約が無ければ、特に必要人数の計算はありませんが、ある時間内に作業を必ず終わらせる必要があれば、必要人数を計算する必要があります。

　例えば、1.5時間以内に終了させたい作業があり、作業時間が2.5MHと計算された場合には、以下のようになります。

　　必要人数 ＝ 2.5MH ÷ 1.5時間／人 ＝ 1.67人 ≒ 2人

　なお、計算結果が1.08人などとなった場合は、時間がオーバーしても１人で対応することは通常ありますので、小数点以下を切り捨てるなどの対応を考慮していきましょう。

　以上が、変動作業への対応となりますが、RE値をあまり細かな単位にするのはおススメできません。稼働までの準備が大変ですし、メンテナンスも大変ですので、現実的な対応を行わなければなりません。
　まずは、大まかな所から始めて、徐々に精度を上げていくという考え方が大切です。

COLUMN

　某衣料品チェーンでは、各店舗に配送される商品の量が時期によって大きく変動するため、店舗での荷受作業や品出作業などの時間も大きく変動します。

　そこで、入荷日前日の15時に、本部から入荷予定データを各店舗に配信し、そのデータを基に作業時間を自動計算し、翌日の作業割当表に反映させる仕組みを構築しました。

　これにより、今まで60分かかっていた作業割当表の作成を10分まで削減することができたと同時に、計算精度もアップしました。

　まさに、変動作業を上手くコントロールしている好例だといえるでしょう。

レジ部門に求められるもの／管理ポイントと自動作成条件

　レジ部門における作業割当表（ここでは、レジ部門で一般的になっている「レジシフト表」と呼びます）の作成は、店舗における計画業務の中で最も重視されるものですし、なくてはならないものです。

　なぜなら、レジ作業はお客様に最も接する場であり、お客様を必要以上に待たせることは、即お客様の不満に直結しますし、逆に必要以上のレジ台数を開設することは、無駄なコストを発生させ店舗経営にマイナスとなります。

　そこでレジ部門には、この両方を満足させるレジシフト表の作成が求められることになってきます。

(1) レジ部門におけるシフト管理のポイント

　レジ部門では、売場部門とは違うシフト管理上のポイントとして、以下の4項目が重要になります。

①レジ業務と勤務体制の適合

②必要レジ台数の算出

③繁忙時間帯でのフォロー体制

④レジ作業空き時間の有効活用

それでは、①〜④、それぞれについて考えていきましょう。

① レジ業務と勤務体制との適合

　業務と勤務体制が適合していなければならないという点では、売場部門も全く同じですが、レジ部門の場合は、お客様に直接対応する部門であるという点で、より厳密に適合させる必要があります。

　売場部門の場合は、人がいなければ作業を後に回すことも可能ですが、レジ部門の場合は、そうはいきません。

　そのため、レジ業務を曜日別、時間帯別にキッチリ数値化することが、まず必要です。具体的には、曜日別、時間帯別のレジ開設台数を間違いなく決めることが最も重要になります。

　その上で、現状の勤務体制と見比べて、要員が不足する曜日、時間帯、または要員が過剰な曜日、時間帯を明確化する必要があります。

　そうすることで、パート・アルバイトを募集する際の条件が、より明確になりますし、また、既存のパート・アルバイトに対する雇用条件の見直しも可能になります。

　但し、すぐにパート・アルバイトが希望通りに採用できるかというと、そうはいきませんので、それまでの間は、要員が不足する曜日・時間帯に、他部門または他店舗から応援をもらう形になります。

② 必要レジ台数の算出

　必要レジ台数の算出精度の良し悪しは、当然、レジシフトの精度に直結します。お客様の流れとレジの開設が同期していないと、必要以

上にお客様を待たせたり、また逆に暇なレジを出したりということになります。

　必要レジ台数の算出に関してですが、一般的には、以下の算式によってレジ台数を算出します。

レジ作業時間 ＝ 客数×（接客時間＋買上点数×スキャン時間）
必要レジ台数 ＝ レジ作業時間÷3,600（秒）

　この式からわかるように、レジの作業時間は、客数と買上点数をどのように予測するかで決まってきます。

　その中でも、特に客数の予測が最も影響を与えるものとなりますが、実際には、同じ曜日でも天候やイベントの有無などで来店客数が違ってきたり、祝日になると来店客数が変わったりもします。

　より精度の高い客数を求めようと思うと、重回帰分析などの統計分析手法を使う必要がありますが、一般的には、まだそこまではいっていないのが現状です。ですから、予測した客数が外れた場合の対応も、事前に決めておくようにしなければなりません。

③ 繁忙時間帯のフォロー体制

　前述したように、いくら精密なレジシフト表を作成したとしても、必ずしもその通りにいくとは限りません。特に、繁忙時間帯では、レジ待ちになることも多々ありますので、そのときの対応として、サポート要員をレジシフト表上に盛り込んでおく必要があります。

　このサポート要員は、初めからレジ作業を割り当てず、レジ作業以外の業務、例えば、業務日報の作成、サービスカウンター、他部門の応援（品出しや陳列など）などを、別途割り当てておきます。

　そして、レジ作業のヘルプがきた場合には、そのとき行っている作業を中断して即レジに入ってもらいます。ですから、急な呼び出しがあっても、影響の少ない業務を割り当てておくようにします。こうすることで、急にお客様の列ができたとしても、慌てずに対応することが可能となります。ピークが過ぎ去るまでお客様に我慢をしていただく、といった対応は、絶対に避けなければなりません。

④ レジ作業空き時間の有効活用

　レジ作業には、繁忙時間帯があると同時に、比較的暇な時間帯も必ずあります。この暇な時間帯をどのようにするかで、レジ部門の生産性が違ってきますので、レジ作業の空き時間を有効活用することが非常に重要になってきます。

　一般的には、他部門の業務を一部担当することなどがよく行われていますが、それらの作業もレジシフト表に予め載せておくことが重要です。そうすることで、ムリ・ムラ・ムダがないレジシフト表を作成することができます。一方で、何故、空き時間が生じているかということも考えなければなりません。ある程度の余裕は必要ですから、空き時間が全くゼロということはありませんが、無駄な空き時間が生じているとしたら、何らかの見直しが必要になります。

(2) 精度の高い自動作成の条件

では、精度の高い「レジシフト表」を自動作成するためには、
概ね、以下、4項目の条件が整うことが必要になります。

① レジ作業が特定の人に偏らない。

② 未割当のレジを少なくする。

③ 無理なレジ割当がない。

④ 自社の個別ルールに対応できる。

これらの条件が整っていないと、自動作成後の手修正がどうしても
多くなります。そうなると、自動作成そのものの意味が薄れてしまい、
結果的にシステムを使用しなくなる店舗もでてきます。①〜④、それぞ
れについて考えていきましょう。

① レジ作業が特定の人に偏らない

レジシフト表の自動作成で、特定の人にレジ作業が偏らないように
するためには、過去一定期間でのレジ割当実績を集計し、その実績を
加味した上で、過去のレジ割当時間が少ない人から順に、レジ割当を
行う対応が必要となります。また、その際、同じレベルのスタッフ同士
で平等にレジが割り当たるようにします。

例えば、以下のような「従業員別レジ割当表」で考えてみます。

レジ番号	鈴木	山田	山本	川田	谷川	本多	佐藤	杉田
#1	◎	◎	◎	◎	○	○	○	○
#2	○	○	○	○	○	◎	◎	◎

レジ番号＃1では、◎印が付いている人(鈴木、山田、山本、川田)の間
で平等化を考慮し、○印が付いている人(谷川、本多、佐藤、杉田)の間で
平等化を考慮する形となります。

そのためには、少なくとも以下のような前提条件があります。

・レジ間の割当優先順位が決められる。
・レジごとに担当できる人とできない人が決められる。
・レジごとに担当できる人の間の割当優先順位が決められる。
・レジ作業の最小・最大時間が決められる。

平等化を実現するためには、これらがベースになります。

② 未割当のレジを少なくする

自動割当の精度が悪いと、「人は余っているけど、レジが割り当たらない！」という現象が生じます。これは、人とレジ作業のマッチングが上手くできていないために起こります。原因は以下が考えられます。

・休憩時間が重なっている。
・スキルが低い人が重なっている。
・ピーク時間帯の要員が不足している……など。

このような状況を起こさないためには、シフト作成システム側で以下のような点を考慮する必要があります。

・休憩時間が重ならないように、休憩を分散する。
・スキルの偏りがないように、従業員を適正に配置する。
・人員不足時間帯がでないように、従業員を適正に配置する……など。

未割当のレジを少なくするためには、以上のような機能を、シフト管理システムが有していることが大切です。

③ 無理なレジ割当がない

自動割当の精度が悪いと、「レジ作業は割り当たっているけど、現実的な割当になっていない！」という現象が生じます。これは、現実のレジ作業を正しく理解していないことから起こり、次頁のような不都合が起きていると考えられます。

- 移動時間が考慮されず、レジ作業が間に合わない。
- 連続して長時間のレジ作業が割り当たっている。
- 細切れ時間のレジ作業が割り当たっている。
- 客が一番並ぶレジに新人が割り当たっている……など。

　こういった不都合を起こさないために、シフト作成システム側で以下のような点を考慮していかなければなりません。
- 移動時間を考慮して余裕のある作業指示を出す。
- レジ作業の最大時間の設定ができる。
- レジ作業の最小時間の設定ができる。
- レジごとに適正なスキルを有する従業員を割り当てる。

以上のようなことで、不都合なレジ割当は少なくなります。

④ 自社の個別ルールに対応できる

　極力、手修正の無いレジシフト表を作成するためには、自社の個別ルールにも対応できるようにする必要が、時にはあります。
　例えば、レジ部門からは以下のような要望もでてきます。
- 最初に入ったレジは、休憩後も連続して担当させたい。
- 休憩時間には、予め決められた人をフォローに入れたい。
- 従業員を複数のグループに分け、グループ間を平等にしたい。
- グループ内で最低1人は予備要員としてフリーにしたい……など。

　これらは、それぞれの企業の考え方によって異なりますが、個別の要望にも柔軟に対応できるシフト管理システムを考えたいものです。

COLUMN

　某専門店チェーンでは、作業割当の精度向上を目指して、様々な取り組みと工夫をしています。

　最も特徴的なのは、従業員数が多いため、従業員を複数の小グループに分け、作業割当の効率化と精度向上を図っていることです。

　それと同時に、グループ間の不平等を、極力、発生させないように各種ルール決め、全体としての効率化と精度向上も実現しています。

　従来からこのような考え方があったのですが、手作業で理想的なシフト表を作るのには限界があり、不平等な状況はなかなか解決できませんでした。

　そこで、シフト管理システムの導入に合わせて、自社向けのカスタマイズを行い、従来は難しかった小グループ内の効率化と同時にグループ間の平等性も確保する仕組みを構築することができました。

第**4**章のまとめ

● 作業割当表は、売場部門とレジ部門で分けて考える必要が
  あります。

● 精度の高い作業割当表を作成するためには、実施すべき作
  業が明確に定義されている必要があります。

● また、従業員スキルと実施作業が適切に関連づけられてい
  る必要があります。

● さらに、作業割当の平等性も担保されている必要がありま
  す。

● 随時作業に対する考慮や変動作業に対する考慮も、可能
  な範囲で対応する必要があります。

● レジシフト表は、集中レジのある店舗では必須となります
  が、かなりの精度が求められます。

● 自社の個別ルールをどこまで盛り込み、どうカスタマイズ
  対応するかは別途検討が必要です。

第 **5** 章

先進「シフト管理」
システムができること

"AI機能"搭載タイプが
最適解を導き、問題を解決！

　従来のシフト管理システムの多くは、勤怠管理システムのサブシステムとして位置づけられて提供されてきました。従って、今まで述べてきたようなシフト管理に求められる重要な要件が、十分には満たされていなかったといえます。

　ところが、最近のシフト管理システムは、AI機能を搭載することで、シフト管理に求められる重要な要件を満たした上で、さらに素早く、高精度な勤務シフト表や作業割当表を作成できるようになってきています。

　なぜシフト管理システムにAI機能が必要なのでしょうか？
　それは、シフト組みという極めて複雑で、数多い組み合わせの中から、達成すべき目標に合致した最適解を導きだすのに、AIの力が必要だからです。

　AIの力は、人の頭では、到底処理し切れない膨大な組み合わせの中から最適解を導き出してくれます。
　従って、これからの業務改善を目指したシフト管理システムは、AI機能を前提としたものになってきます。

　また同時に、高速・高機能なコンピュータ、および関連ソフトも必要になりますが、これはハードウェア機能の飛躍的な向上とAI関連ソフトの高機能化などから、十分、実用的なレベルまできているといえます。

シフト組みが極めて多い組み合わせになるといいましたが、それについて考えてみましょう。例えば、1ヵ月間の従業員のシフト計画を、以下の条件で立てるとします。

〈条件〉

・ 従業員は20名
・ シフトパターンは4種類（朝シフト、昼シフト、夜シフト、休み）
・ 30日間のシフト計画

　上記の条件における組み合わせパターン数は、以下のように、数字が360個以上も並び、億や兆を遥かに超えた天文学的数字になります。

$$\{(1日当たりの1人の取り得るパターン数)^{人数}\}^{日数}$$

$$= \{(4シフト)^{20人}\}^{30日} \fallingdotseq 10^{360}$$

$$\longrightarrow 10の360乗以上$$

　実務的には、さらに様々な条件が付加されますから、組み合わせパターンは非常に多くなります。ですから、AIや高速コンピュータを使用しない限り、最適解を導き出すことは明らかに不可能であることがわかると思います。

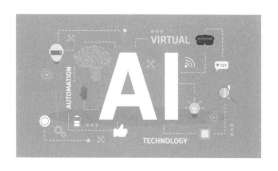

また一方、作成するシフトの目指す形が何かで、導き出される最適解は異なってきます。この目指す形を「目的関数」と呼びます。

　例えば、
・人件費の一番低い組み合わせ
・シフトの穴が一番少ない組み合わせ
・従業員のシフト希望を一番叶える組み合わせ
などから目的関数を選択することになります。
　そして、この目的関数に従い、労基ルールや設定条件などを守った上で、最適なシフトの組み合わせ（最適解）を導き出していきます。

　では、人間がシフトを組む場合にどうしているかというと、当然、AIとは異なる論理回路で最適解を導き出しているといえます。
　ただ、天文学的数字を頭の中で考えることは無理ですから、何らかの"経験的論理"で最適解を出しているのです。ですから、人によって最適解が異なるということが容易に推測できるかと思います。従って、シフト作成が標準化できず、作成者の経験とスキル次第という状況は、ここからもきています。
　これらの点からも、AIを活用したシフト管理システムの活用が必要であることが理解できるかと思います。

「AI機能」搭載タイプは？

人の頭では処理しきれない……

複雑で、数多い組み合わせの中から……

 最適解 を導き出します

最強システムが可能にする、驚きの業務改善と効率化

　ここまで、業務改善のためには、AI機能を搭載したシフト管理システムの導入が効果的であることを説明してきました。

　ここからは、オーエムネットワークの店舗シフト管理システム「アールシフト（R-Shift）」を通じて、最新のシフト管理システムというものは、どこまで、何ができるのかといった、その機能と可能性について解説していきたいと思います。

（1）アールシフトのコンセプト

　アールシフトは、小売業・サービス業の業務改善に資する目的で作られており、以下の3つを製品コンセプトとしています。

■ 働く現場の「生産性向上」
- ・シフト作成の自動化による事務効率の大幅アップ
- ・現場の見える化によるムリ・ムラ・ムダの削減

■ 働く人の「モチベーションアップ」
- ・シフト割当の平等性の考慮
- ・作業指示での従業員スキルの考慮

■ 働く現場で必要な「簡単な操作性」
- ・スマートフォンを使用した簡単なシフト申請
- ・わかりやすく簡単な各種メニュー

　この3つのコンセプトを有機的に結び付けて、「高機能だけれど、使いやすい」を実現しているシステムが、アールシフトです。

(2)アールシフトのシステム機能詳とは？

アールシフトは、下記表のように「勤務シフト表の自動作成機能」を必須機能とし、その他の機能を、ユーザーのニーズに合わせて選択する形となっています。それぞれについて説明していきましょう。

〈アールシフトのシステム構成〉

システム名	区分	概要
①シフト自動作成システム	必須	勤務シフト表の自動作成(月、日)
②ワークスケジューリング	選択	作業割当表の自動作成
③スマートフォン連携システム	選択	スマホからの希望休等の申請
④勤怠データ連携システム	選択	月間シフトデータの勤怠渡し
⑤POSデータ連携システム	選択	来店客数とレジ開設台数の予測
⑥マンアワー管理システム	選択	必要MH、投入MHなどの管理
⑦欠員募集システム	選択	欠員発生時の募集・応募管理

①シフト自動作成システム

この、「シフト自動作成システム」は、シフト管理システムにおいて最も基本となるシステムで、勤務シフト表の自動作成がメイン機能となります。

シフトを自動作成するためには、事前の条件設定が重要になりますが、アールシフトでは、以下のような4階層での条件設定をします。

・ 会社全体で決める条件設定
・ 店舗ごとに決める条件設定
・ 部門ごとに決める条件設定
・ 従業員ごとに決める条件設定

なお、複数の階層で同じ条件が設定された場合には、より下位の階

層の条件が採用されます。すなわち、従業員で設定された条件があれば、上位の部門や店舗で設定があっても、従業員で設定された条件が採用されることになります。これにより、従業員ごとの個別条件を加味したキメ細かい自動作成が可能となっていくのです。

　前頁で示した条件設定の内容は、以下のようになります。

〈会社全体に決める条件設定とは?〉

- ・労基ルールに関する規定
- ・会社ルールに関する規定
- ・変形労働時間に関する規定

〈店舗ごとに決める条件設定とは?〉

- ・連勤・連休制限に関する規定
- ・休憩付与に関する規定
- ・月間公休日数に関する規定

〈部門ごとに決める条件設定とは?〉

- ・従業員組み合わせに関する規定
- ・連続勤務の禁止シフトに関する規定
- ・同一シフトの割当禁止に関する規定
- ・週休日数の保証に関する規定
- ・特定曜日公休日数に関する規定

〈従業員ごとに決める条件設定とは?〉

- ・連勤・連休制限に関する規定
- ・月間公休日数に関する規定
- ・月間労働時間に関する規定

これらの設定条件を基に勤務シフトの自動作成を行いますが、その他、日々の必要MHが重要な前提条件となります。すなわち、上記で設定された各種条件を満たす中で、日々の必要MHを、ムリ・ムラ・ムダなく満たす勤務シフトが自動的に提示されることになります。

また、日別の勤務スケジュール表では、従業員毎の勤務シフト（勤務時間帯）が横棒で表示され、休憩の取得が必要な場合は、指定された時間帯に休憩が自動的にセットされます。

ただ、日別の勤務スケジュール表では、休憩以外のものはセットされません。

作業も日別の勤務スケジュール表に載せる場合は、作業マスターなどを作成する必要があり、アールシフトでは、オプション機能の「ワークスケジューリング・システム」で対応することになります。

以上が、アールシフトにおけるシフト自動作成機能となりますが、このように、勤務シフト表の自動作成を通して、店舗のムリ・ムラ・ムダがどこにあるかを把握しつつ、勤務シフト作成業務の大幅な効率化が可能となるのが、AI機能を搭載したシフト管理システムの特徴だと理解してください。

次頁からは、アールシフトの画面を表示しますので、シフト作成者にとって、「高機能だけれど、使いやすい」システムとなる意味を確認していきましょう。

〈勤務シフト表（月間）〉　No.1

月間シフト計画表　2020/11/01(日)～11/30(月)　／　自動作成済 10/8 9:22　／　自動作成　店舗 RSタイムリー∨　部門 共通∨　雇用形態 すべて∨

	取得/保有 →店舗指定	雇用形態 勤務時間	◀日別	11/1(日)	11/2(月)	11/3(火)	11/4(水)	11/5(木)	11/6(金)	11/7(土)	11/8(日)	11/9(月)	11/10(火)	11/11(水)	11/12(木)	11/13(金)	11/14(土)	11/15(日)
出勤人数			200	8	8	9	6	6	5	8	8	6	5	7	6	5	9	8
売上予算																		
必要MH 計			1234	52	52	52	35	35	35	52	52	34	35	35	35	35	52	52
投入MH 計			1158	49	49	52	35	33	33	49	48	33	32	34	33	32	49	49
不足MH 計			145	6	6	6	1		4	4	7	3	3	2	1	2	3	3
過剰MH 計			68.75	3	3.75	3	4	1	2	4	3	0.75	3	2	1	2	3	3
欠員募集				セール	セール	セール												
連絡事項																		
社員①	4/20	社員 168h		(公)	(公)	(中)8-17	(中)8-17	(公)	(公)	(中)8-17 -20	(中)8-17 -20	(中)8-17	(公)	フリー	(中)8-17	(中)8-17	(中)8-17 -20	(中)8-17
社員②	21日	社員 168h		(中)8-17 -20	(中)8-17 -20	(中)8-17	有	(公)	(公)	(中)8-17	(中)8-17 -20	(公)	(公)	(公)	(公)	(公)	(中)8-17 -20	(公)
社員③	21日	社員 146h		(公)	(公)	(公)	有	有	(公)	(公)	(公)	(公)	(公)	(公)	(公)	(公)	(公)	(公)
社員④ ●確定	20日	社員 168h		8-13	8-13	8-13	9-13	8-13	8-13	9-13	8-13	8-13	9-13	8-13	9-13	9-13	8-13	8-13
パート①	21日	社員 168h		9-13	8-13	9-13	9-13	9-13	8-13	9-13	9-17	8-13	9-13	9-13	9-13	9-13	9-13	9-13
パート②	13日	パート 65h		(公)	(公)	(公)	(公)	(公)	(公)	(公)	公	(公)	(公)	(公)	(公)	(公)	(公)	(公)
パート③	20日	パート 80h		13-17	8-13	13-17	(公)	13-17	13-17	13-17	13-17	8-13	9-13	13-17	9-13	13-17	13-17	13-17
パート④	20日	パート 100h		9-18	9-13	9-13	9-13	(公)	8-13	9-13	9-17	8-13	9-13	8-13	9-13	9-13	9-13	9-18
アルバイト① ●確定	1.8日	パート 80h		13-17	13-17	13-17	(公)	(公)	13-17	13-17	9-17	13-17	9-13	13-17	13-17	13-17	13-17	13-17
アルバイト②	20日	アルバイト 80h		17:00 21:00	(公)	17:00 21:00	17:00 17:00	17:00 21:00	(公)	17:00 21:00	17:00 21:00	17:00 21:00	(公)	17:00 21:00	(公)	(公)	17:00 21:00	17:00 21:00
アルバイト③ ●確定	20日	アルバイト 80h		9-18	(公)	13-17	10:00 17:00	(公)	(公)	(公)	9-17	(公)	(公)	13-17	(公)	(公)	9-13	13-17
アルバイト④	26日 102.75h	アルバイト		9:15 13:00	9:15 13:00	9-13	9-13	(公)	9-13	9-13	9-13	9:15 13:00	9-13	9-13	9-13	9-13	9-13	9-18

112

	従業員 休み表示▼	勤務時間	8時	9時	10時	11時	12時	13時	14時	15時	16時	17時
日別シフト計画表 11/6(金) ◀ ▶												
必要	MH 35.00											
役人	MH 33.00											
過不足	MH 4.00 / 2.00											
👤 パート⑦	パート	8-13 5h										
👤 社員②	社員	(早)8-17 休憩60分 9h						休憩				
👤 アルバイト⑤	アルバイト	9-13 4h										
👤 社員③	社員	(遅)休憩60分 9h									休憩	
👤 社員④	社員	(遅)休憩60分 9h										休憩

従業員別　**作業別**　**作業組立**　**並べて**　**作業一覧を開く**　**仮置き場を開く**

連絡事項　イベントに向けて基礎知識

最強システムが可能にする、驚きの業務改善と効率化

113

② ワークケジューリング・システム

　ワークスケジューリング・システムは、店舗で行うべき作業を適切な従業員に自動的に割り当てる機能となります。アウトプットとしては、作業割当表（ワークスケジュール表ともいいます）となります。

　作業割当表を自動作成するためには、事前に作業関連情報の準備が必要になります。また、先にも述べましたが、作業割当表は売場部門とレジ部門で異なりますので、事前に準備する作業関連情報も以下のように異なってきます。

Chapter 5　先進「シフト管理」システムができること

〈売場部門〉
- ・作業分類情報
- ・作業詳細情報
- ・従業員別作業割当ルール
- ・連続割当の禁止ルール

〈レジ部門〉
- ・レジ基本情報
- ・従業員別レジ割当ルール
- ・曜日別レジ開設台数

※ 但し、レジ部門でもレジ以外の作業をレジシフト表に載せたい場合は、売場部門と同じ作業関連情報の準備も必要になります。

　これらの作業関連情報を基に、作業割当表の自動作成が行われるわけですが、その際、アールシフトのようなAI機能搭載のシフト管理システムでは、次頁に明記する様々の条件を満たすように自動作成が行われます。

- 適切なスキルの人に適切な作業を割り当てる。
- 作業の未割当状態を極力少なくする。
- 従業員の空き時間を極力少なくする。
- 同じ人ばかりに同じ作業を割り当てない。
- 休憩が適切な時間帯に割り当たるようにする。
- 負荷の大きな作業などを連続して割り当てない。

　アールシフトでは、以上のような条件を満たしながら自動作成が行われるわけですが、そのためには、いくつもの考慮が必要になります。シフト作成は、何も考慮することなく自動作成が上手くいくほど、単純なものでは決してありません。
　ワークスケジュール・システムを導入する側としての注意点は、以下のようなものがあります。

■従業員のスキルと作業割当の優先順は必ずしも一致しない

- 作業は、必ずしもスキルの高い人から割り当てるというものではありません。
- 作業によっては、スキルの低い人から順に割り当てた方が良い場合もあります。
- 例えば、清掃業務は社員の方がスキルは高くても、アルバイトから先に割り当てる……などということがあります。
- 従って、従業員のスキル管理と、作業の割り当て管理は、別々に対応する必要があります。

■休憩の自動割当では、事前のキメ細かい条件設定が必要

- 休憩の自動割当は、時間帯ごとの仕事の繁閑状況、休憩に入る従業員の数、会社としての休憩ルール……などを、同時に考慮していく必要があります。

・ 会社ルールとしては、休憩を取得できる時間帯、勤務開始から休憩までの必要時間、休憩終了から退社までの必要時間、などがあります。

■ 作業情報の設定内容を同時に見直さないと自動化は難しい

・ 作業情報の設定面からは、作業を行う曜日、時間帯、回数、必要スキルなどを見直していく必要があります。
・ これらを見直すことで、作業が無理に重なる時間帯を少なくすることや、逆に作業が少なく従業員に空きができる時間帯を少なくすることが可能となります。

■ 従業員の雇用条件やスキルを同時に見直さないと自動化は難しい

・ 作業の自動割当は、作業と従業員のマッチングですから、いくら作業に関する改善を図っても、従業員に関する改善を図らないと不平等になります。
・ そのため、作業が無理なく割り当たるように、従業員側の雇用条件やスキルも同時に見直す必要があります。
・ 雇用条件でいえば、勤務曜日、勤務時間帯などの見直し、スキルでいえば、やれることを増やすことが重要になります。

多少時間はかかりますが、以上のような考慮を確実に行うことで、作業割当の自動化は格段に進歩します。

慌てずに、しかし確実に準備を進めることが重要です。

次頁では、ワークスケジューリング・システム機能持つアールシフトの作業割当表（ワークスケジュール表）の画面を表示します。

《作業割当表（日別）》 No.3

日別シフト計画表 10/12(月) ▶	👤 従業員別	⊙ 作業別	⊙ 作業組立	⊙ 並べて	⊙ 作業一覧を開く	⊙ 仮置き場を開く	👤 欠員募集

		8時	9時	10時	11時	12時	13時	14時	15時	16時	17時	18時	19時	20時
必 要 📅	MH 45.00													
投 入	MH 45.00													
過不足	MH 0.00 0.00													

設定順↕ 従業員 休み非表示▲	勤務時間 ↹	8時	9時	10時	11時	12時	13時	14時	15時	16時	17時	18時	19時	20時
👤 椎名海星 パート	8-13 5h	開店作業	接客	カウンター										
👤 町田博士 社員	9:00～17:00 休憩 60分 8h		早レジチ	入荷作業	接客	休憩	カウンタ	荷受け	DM貼返品	カウンタ				
👤 切間和利 アルバイト	9:00～17:00 休憩 60分 8h		接客	清掃	接客		休憩	接客						
👤 山形鈴 社員	（遅） 休憩 60分 9h						接客	休憩	荷受け	商品調整	接客			終
👤 磯嶋隆二 社員	13:00～21:00 休憩 60分 8h						接客	接客	返品接客	休憩	接客			終
👤 鈴木満里奈 社員	13:00～21:00 休憩 60分 8h						備品発注	品出し	休憩	接客	カウンター			終
👤 多々良涼香 アルバイト	17:00～21:00 4h										カウンター		ごみ	閉店

③ スマホ連携システム

　スマホ連携システムは、従業員からの希望休などをスマートフォン経由で収集するためのシステムです。

　どこの企業でも従来は、従業員からの希望については申請用紙を提出してもらう形を取っていましたが、システムにおいては、以下のような課題がありました。

- ・締切日までに全員が申請書を出してくれない。
- ・未提出者には、別途電話連絡などが必要である。
- ・申請書から勤務シフト表に転記しなければならない。
- ・勤務シフト表への転記ミスがある。
- ・確定した勤務シフトを掲示する以外に連絡手段がない。

　これらの課題を解決してくれるのが「スマホ連携システム」だといえます。これにより、それまで希望休などの収集と勤務シフト表への転記で、毎月10時間も要していた作業時間がゼロになった企業もあります。

また、このシステムは、導入した途端に効果を発揮しますので、即効性があり、効果抜群だといえます。

　さらに、スマホを利用することで、従業員にとっても以下のようなメリットもあります。
- ・ 確定した勤務シフト表をいつでも確認できる。
- ・ 必要であれば、自分以外の勤務シフトも確認できる。
- ・ 有休残日数なども確認できる。
- ・ 店舗からの連絡を確認したり、店舗への要望を伝えたり、コミュニケーションツールとしても利用できる。

〈スマフォートフォン画面〉　No.4

即時反映

④勤怠データ連携システム

　アールシフトにある勤怠データ連携システムは、作成された月間の勤務シフトデータを、勤怠管理システム側に連携するためのシステムです。通常、勤怠管理システム側でもシフト作成機能は有していますが、まだまだ機能的には十分ではありません。そこで、作成した勤務シフトデータを、勤怠管理システム側に連携する機能が求められます。
　アールシフトは、これを可能にしました。

これにより、勤怠管理システム側でのシフト作成作業が不要になり、非常に効率的になります。勤怠管理システムの提供メーカーについては、どこであっても大丈夫ですので、現在導入している勤怠管理システムが何であっても対応可能になっているのです。

また、データの連携手段に関しては、手動連携または自動連係のどちらも対応可能ですが、多くは自動連係で対応しています。

⑤ POSデータ連携システム

POSデータ連携システムは、POSシステムから客数実績データと売上実績データを取り込み、次月の来店客数と買上点数を予測する機能です。この予測機能を使って、日別・時間帯別のレジ開設台数を算出する機能としても使用できます。

〈来店客数と買上点数の予測〉

来店客数と買上点数の予測は、以下から選択する形となります。
・ 前年同月の同曜日実績と伸び率から予測
・ 前年同月の曜日平均と伸び率から予測
・ 直近1ヵ月の同曜日実績と伸び率から予測
・ 直近1ヵ月の曜日平均と伸び率から予測
・ 同規模他店舗の予測値を利用

どれを選択するかは、前年同月の実績があるか否か、直近1ヵ月の実績があるか否かなどで決まります。

また、イベント開催日や特殊日での来店客数、および悪天などによる除外日なども考慮して来店客数の予測を行います。

〈レジ開設台数の予測〉

レジ開設台数の予測に関しては、以下の2種類が対象になります。

・ 通常レジ

・ セミセルフレジ

※ 但し、セルフレジに関しては、チェッカーが関係するわけではありませんから、予測ではなく固定的な開設で通常は行います。

レジ開設台数の算出は、会社で決めたレジ作業の標準作業時間であるRE基準値に対して、その店舗で想定される来店客数と買上点数を掛けて、レジ作業の時間帯別の総時間を算出します。

そして、その後、レジ作業の時間帯別の総時間から必要台数を算出していきます。

次頁で考えてみましょう。

■ 必要レジ台数の計算例

RE基準値として以下の数値が設定されているとします。

- ・ 1品当たりのスキャン時間＝3秒
- ・ 1人当たりの接客時間＝30秒

ある時間帯の来店客数と買上点数の予測が以下の通りとします。

- ・ 来店客数＝250人
- ・ 買上点数＝3,800品

これらを基にある時間帯のレジ作業の総時間を計算すると、

総時間＝3秒×3,800品＋30秒×250人＝18,900秒

これを1時間である3,600秒で割ると、レジの必要台数が出ます。

レジの必要台数＝18,900秒÷3,600秒＝5.25台 ➡ 6台

もしも、設置レジ台数が5台であれば、2人制レジのRE基準値を基に再計算が行われ、5台の内の1台は自動的に2人制レジとなります。

また、会社で決めたRE基準値が自店の実情と合わない場合は、自店独自のRE基準値を設定することが可能です。

〈RE基準値設定画面〉 No.5

	レジ種別	RE基準値（全店共通）			RE基準値（個別設定）		
		1点スキャン（秒）	キャッシャー（秒）	余裕（秒）	1点スキャン（秒）	キャッシャー（秒）	余裕（秒）
✏ 変更	通常レジ	3.5	10.0	15.0			
		2人制 3.0	10.0	20.0			
✏ 変更	セミセルフ	4.5	10.0	20.0			

⑥ MH管理システム

MH管理の重要性はすでに述べていますが、アールシフトが提供するMH管理システムは、MH管理を行う上での基本機能を備えています。

従って、このMH管理システムを導入することで、素早くMH管理を実践することが可能となります。

また、次頁からは、アールシフトの管理画面を表示します。その精度と使いやすさを確認していきましょう。

〈各帳票の概要〉

帳票名	縦軸	横軸	表示項目
店舗別MH管理表（月別）	店舗	月度	必要、投入、過不足、安全率、人時売上高、売上高
店舗別MH管理表（日別）	店舗	日付	必要、投入、過不足、安全率、人時売上高、売上高
作業別MH管理表（月別）	作業	月度	必要、割当、未割当
作業別MH管理表（日別）	作業	日付	必要、割当、未割当
作業・店舗別MH管理表	店舗	作業	必要、割当、未割当

〈利用者権限と表示範囲〉

権限	エリア	店舗	部門
システム管理者	全エリア	全店舗	全部門
エリア管理者	自エリア	エリア内全店舗	エリア内全部門
店舗管理者	自エリア	自店舗	店舗内全部門
部門管理者	自エリア	自店舗	自部門

店舗別MH管理表（月別）　年度 2019年度 ∨　エリア 全エリア ∨　店舗 全店舗 ∨　次月シフト 含まない ∨

表示項目 ☑必要MH ☑投入MH ☑過不足MH ☑安全率 ☑人時売上高 ☑売上実績

計店舗	表示	月平均	3月	4月	5月	6月
札幌大通店	必要MH	2,346	2,460	2,336	2,423	2,385
	投入MH	2,065	2,371	2,198	2,326	1,898
	過不足MH	-281	-89	-138	-97	-486
	安全率	-12.0	-3.6	-5.9	-4.0	-20.4
	人時売上高	4,775	4,266	4,382	4,293	5,159
	売上実績	9,859,884	10,115,740	9,630,960	9,986,465	9,792,553
仙台青葉店	必要MH	2,996	3,171	3,062	3,186	3,349
	投入MH	2,719	3,043	2,954	3,010	2,498
	過不足MH	-277	-128	-109	-176	-851
	安全率	-9.2	-4.0	-3.5	-5.5	-25.4
	人時売上高	5,132	4,705	4,615	4,696	5,548
	売上実績	13,954,760	14,316,875	13,630,762	14,133,912	13,859,467
東京銀座店	必要MH	4,940	5,335	5,043	4,919	4,909
	投入MH	5,934	7,051	6,393	6,271	5,681
	過不足MH	994	1,717	1,350	1,353	772

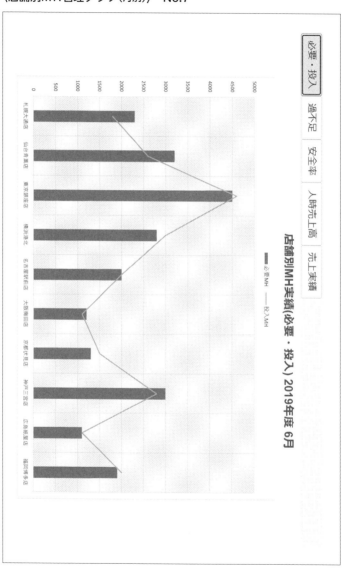

最強システムが可能にする 驚きの業務改善と効率化

〈作業別MH管理表（月別）〉　No.8

作業別MH管理表（月別）										
表示項目 ☑必要MH □割当MH □未割当MH		年度 2019年度 ∨	エリア 東日本エリア ∨		店舗 全店舗	∨	部門 販売部門			
表示単位		合計欄 平均値 ∨								
店舗	部門	作業分類	計 作業名	表示	計 月平均 ⬆⬇	計 3月 ⬆⬇	計 4月 ⬆⬇	計 5月 ⬆⬇		
札幌大通店	販売部門	日次業務	朝の店舗連絡会 計	必要MH	488.44	87.50	84.00	93.00		
札幌大通店	販売部門	日次業務	衣料品出 計	必要MH	61.69	63.50	61.00	62.00		
札幌大通店	販売部門	日次業務	サービスカウンタ 計	必要MH	372.83	117.00	146.00	196.00		
札幌大通店	販売部門	日次業務	在庫確認 計	必要MH	145.50	62.00	66.50	108.50		
札幌大通店	販売部門	日次業務	休憩前の商品整理 計	必要MH	224.75	221.50	220.50	233.50		
札幌大通店	販売部門	日次業務	商品整理（日中）計	必要MH	30.52	29.00	18.00	44.00		
札幌大通店	販売部門	日次業務	雑貨品出 計	必要MH	1,656.94	152.00	138.00	208.00		
札幌大通店	販売部門	日次業務	帳票管理 計	必要MH	3.96	2.00	2.00	2.00		
札幌大通店	販売部門	日次業務	労務管理 計	必要MH	2.21	0.50	0.50	1.00		
札幌大通店	販売部門	日次業務	商品整理（一客）計	必要MH	650.00	47.00	43.00	49.50		
札幌大通店	販売部門	日次業務	BR整理 計	必要MH	741.00	59.00	53.50	74.50		
札幌大通店	販売部門	日次業務	設定在庫修正（衣料）計	必要MH	2.75	1.50	1.75	2.00		
札幌大通店	販売部門	日次業務	設定在庫修正（生活）計	必要MH	15.67	1.50	2.00	2.00		
札幌大通店	販売部門	日次業務	設定在庫修正（雑貨）計	必要MH	2.77	1.00	1.50	2.00		

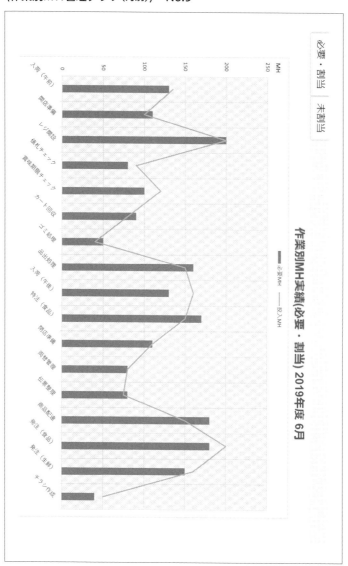

作業別MH実績（必要・割当）2019年度 6月

最強システムが可能にする、驚きの業務改善と効率化

〈作業・店舗別MH管理表〉　No.10

作業・店舗別MH管理表		対象日	2020/03/01 ～ 2020/03/31	エリア 全エリア ∨	店舗
表示項目　☑必要MH　□割当MH　□未割当MH			作業分類　日次業務 ∨	表示内容　店舗＋合計 ∨	合計

計 店舗	表示	雑貨品出(朝)② 計	金銭管理 計	あらた(入荷) 計	立礼 計	ゴミ処理・資材 計	賞味期限チェック 計
札幌大通店 計	必要MH	124.00	46.50	31.00	7.75	15.50	23.25
仙台青葉店 計	必要MH						
東京銀座店 計	必要MH	310.00		26.00	23.25	31.00	31.00
横浜港北店 計	必要MH	133.00	15.50		15.50	15.50	15.50
東日本エリア 平均 計	必要MH	142.00	16.00	14.00	12.00	4.00	17.00
名古屋駅前店 計	必要MH		38.75	6.50	15.50	15.50	7.75
大阪梅田店 計	必要MH		77.50	22.50	23.25	7.75	15.50
京都伏見店 計	必要MH	111.00	31.00		7.75	7.75	7.75
神戸三宮店 計	必要MH	488.00	100.75		7.75	31.00	31.00
広島紙屋店 計	必要MH	31.00	31.00	13.00	23.25	7.75	31.00
福岡博多店 計	必要MH	280.50		13.00	15.50	15.50	15.50
西日本エリア 平均 計	必要MH	147.00	47.00	9.00	16.00	14.00	16.00

〈作業・店舗別MH管理グラフ〉　No.11

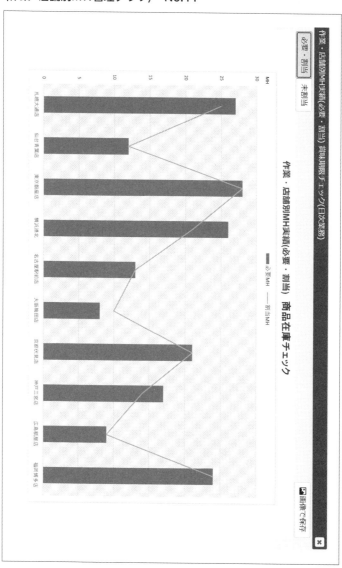

129

⑦ 欠員募集システム

欠員募集システムは、要員が不足する日や時間帯を絞って出勤要請を出し、それに対する応募状況を管理する機能になります。

欠員募集システムでは、以下のような機能を利用できます。
- 自店で要員が不足する時間帯を、赤字などで教えてくれる。
- 欠員募集の要件である、日時、人数、締切日などを指定する。
- 該当日の公休者に対して、募集メールを自動的に送付する。
- 応募があった従業員の内容を締切日になったら確認する。
- 応募者の中から採用する人と採用しない人を確定する。
- 採用された人には、出勤確定メールを自動的に送付する。
- 同時に、採用しなかった人へもお礼メールを自動的に送付する。

以上のようになりますが、この機能を上手く活用することで、欠員募集の管理や事務は大幅に効率化されますし、シフト作成者の心理的負担も大幅に削減されます。

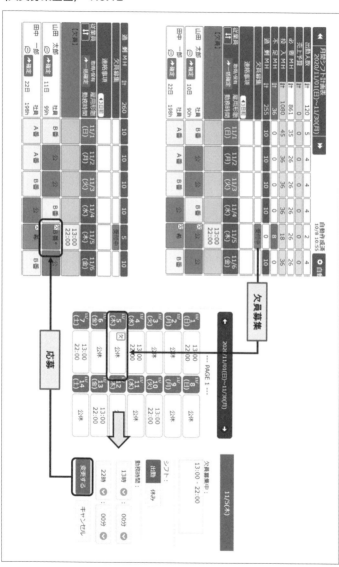

最強システムが可能にする、驚きの業務改善と効率化

「シフト管理システム」に関する
疑問をクリアに

Q ▸ システムを導入する、手順と期間はどうなりますか？

A 一般的には、以下の手順と期間で、シフト管理システムの導入を行います。検証店舗で3〜4ヵ月程、システムを実際に稼働させ、現行運用と新システムとの間のギャップを明確にします。明確になったギャップに対してカスタマイズが必要な場合には、カスタマイズ作業を2〜4ヵ月程かけて行います。カスタマイズ終了後、検証店舗で最終確認を1〜2ヵ月程かけて行います。その後、「教育→準備→本番」という手順で、全店展開を3〜6ヵ月程かけて行っていきます。

以上のような手順となりますが、数多くの店舗を展開している企業ですと、全店展開までに1年以上かかるケースもあります。

また、シフト管理システムの導入にあたっては、実際に使用する店舗の納得感が非常に重要です。従って、システム展開前の実店舗での事前検証は必須となります。

Q ▸ システムの導入には、どのような体制で臨めば良いのですか？

A シフト管理システムの導入にあたっては、以下のような部署がそれぞれの役割を持って臨みます。

- 店舗運営部、またはそれに準ずる部署／全体の責任部署として、最も重要な位置づけになります。主に、業務要件の取り纏め、店舗への指導・教育、会社への状況報告、などを行います。
- モデル店舗／全店舗の模範となる店舗で、検証段階から参画してもらいます。全店舗への展開時には、他店舗からの問い合わせや相談にものってもらいます。
- 情報システム部／シフト管理システムと基幹システムなどとのデータ連携で参画してもらいます。また、会社のセキュリティポリシーの

基準にあっているか否かの検証を行うこともあります。

シフト管理システムは、現場向けのシステムです。従って、主導的に動くのは、情報システム部ではなく、現場のことをよく知っている店舗運営部となります。

Q ▶ システム導入前後のベンダー支援には、何がありますか？

A 「導入前」のベンダー支援としては、

- ・ ヒアリングシートによる現状調査
- ・ 各種マスター登録の設定支援
- ・ 検証店舗における検証作業支援
- ・ 本番稼働スケジュールの作成支援
- ・ 運用教育および操作教育支援
- ・ 全店展開支援……など

また「導入後」のベンダー支援としては、

- ・ 専用窓口による各種問い合わせ対応
- ・ 専用Q&Aサイトによる運用・操作支援
- ・ 導入後の新たな要望に対する対応……など

以上のようなベンダー支援が通常はありますが、各ベンダーにより支援内容は異なりますので、事前に確認する必要があります。

Q ▶ システムにおける組織階層と権限は、どうなっていますか？

A まず組織階層ですが、通常、最大でもブロック＞エリア＞サブエリア＞店舗＞部門という5階層だと思います。各階層の所属長は、傘下の店舗または部門のシフトに対して、閲覧または変更することが可能となります。なお、組織階層は自社の階層に合わせて、4階層以下で使用することも通常は可能になっています。

Q ▶ 従業員データは、基幹システムなどの上位システム側と、どのようにデータ連携を行うのですか？

A 従業員データの連携は、それぞれの会社の考え方で方法が異なってきます。通常、正社員やそれに準ずる社員は、上位システム側から入社、異動、休職、退職といった情報をシフト管理システム側で受け取り、シフト管理システム側の従業員情報を更新します。一方、パート、アルバイトの場合は、その流れではタイムラグが発生するとしたら、店舗側で雇用決定と同時にシフト管理システム側に従業員情報を入力し、逆に上位システム側に従業員データを連携させるケースもあります。いずれにしても、それぞれの企業における考え方によりますので、十分な打ち合わせを行った上で対応する必要があります。

　実際のデータ連携に関しては、CSVデータの手動取り込み、またはSFTPなどによる自動データ取り込みのいずれかになります。

Q ▶ システムの主機能以外で、事前に検討すべき機能はありますか？

A シフト管理システムの主機能はシフト表の作成ですが、関連する機能で事前に検討すべきものとしては、以下のものがあります。

- ・変形労働時間制への対応機能 ・従業員のスキル管理機能
- ・有給休暇の残日数管理機能 ・他店舗や他部門への応援機能
- ・欠員発生時の募集管理機能 ・スマホを使用した勤務申請機能
- ・売上予算や人時予算などの取り込み機能
- ・勤怠システムとのデータ連携機能

以上のような機能が備わっているか否か、また備わっている場合にはどこまで可能なのか……などを事前に確認する必要があります。

Q ▶ 導入する場合の初期コストとランニングコストはどの位ですか？

A コストにはかなりの幅があります。コストは、①導入するシステムの範囲（オプションの数）と、②登録する従業員の数、によって変わってきます。初期コストは、通常、50万円から300万円位の間で、ランニングコストは、通常、10万円から200万円位の間です。

　なお、初期コストには、カスタマイズ費用は含まれませんので、別途見

積りが必要になります。いずれにせよ、ベンダーによってコストは異なりますので、直接問い合わせる必要があります。

また、従業員数が数千人から数万人という大規模企業の場合には、登録従業員数によらない固定課金という制度もベンダーによってはあります。

Q ▶ システム選定の際は、どこに注意して選定すれば良いのですか？

A 主に以下の点に注意する必要があります。

・ 利用料金と提供機能の間には、通常、相関関係があり、自社がどこまでの機能や精度を求めるのかを明確にしておく必要があります。

・ シフト管理システム導入の主目的は、「シフト作成業務の効率化」と「業務改善による生産性の向上」になりますので、その両方に対応可能なシステムである必要があります。特に、業務改善に取り組む上では、計画した投入人時の「ムリ・ムラ・ムダの見える化」が可能になるか否かが重要なポイントになります。

・ シフト作成業務の効率化を真に図ろうとすると、「関連する他システムとのデータ連携（勤怠管理システム連携など）」や「応用機能（店舗応援機能、欠員募集機能などの実装）」が必要です。従って、シフトを作成するという基本機能のほかに、データ連携機能や応用機能がどのようになっているかを十分確認する必要があります。

・ 標準のパッケージソフトだけで満足する形にできるケースは、それほど多くはないのが現状です。従って、自社の個別事情を考慮したカスタマイズに対しても、柔軟に対応できるか否かも重要なポイントになります。

以上が、よくある質問になりますが、重要なのはシステム化の目的です。目的と照らし合わせて、自社にマッチしたシフト管理システムを選定することが大切です。またシステム投資は効果を出さなければなりません。単にコストが安いからという理由で選定すると、失敗する確率は高くなります。

第5章のまとめ

● シフト管理の効率化には、AI技術を駆使したシフト管理システムが必要不可欠です。

● アールシフトは、①生産性向上、②モチベーションアップ、③簡単な操作性をコンセプトとしています。

● アールシフトは、「シフト自動作成システム」をベースとして、他の多くのオプション機能を提供しています。

● ワークスケジューリング・システム（オプション）は、作業割当表の自動作成を行います。

● その他、応用機能として、スマホ連携システム、欠員募集システム、MH管理システムなどがあります。

● システム導入には、初期コストとランニングコストがかかりますが、求める要件によってかなりの差が出ます。

● システム化による期待効果に見合ったシステム投資を行う必要があります。

第 **6** 章

業種別に違う
「シフト管理」の考慮点

シフト管理は"業種特性"を把握して実施しよう！

この章では、業種別に考慮すべき点に関して説明していきます。

小売業・サービス業では、業種によって業務内容や業務のやり方に差があります。いわゆる業種特性というものです。

では、なぜ業種によって業務内容の違いが生じるのでしょうか？

それには、以下のような背景があるからです。

- ・ 取扱商品数
- ・ サービス数
- ・ 売場面積
- ・ 施設面積
- ・ 来店客数
- ・ 客層と特性
- ・ 客単価
- ・ 資格の有無
- ・ 商品知識の有無
- ・ 法的制限の有無……など。

また、これらの違いは、本書のテーマである「シフト管理」にも影響を及ぼします。

業種別にどのような背景があり、それがどのような業務上の違いを生じさせているか、またそれに対してシフト管理上ではどのような点を考慮すべきかを解説していきます。

本書を読まれている読者の方にとって、ご自身が関わる業種を振り返りながら、他業種との違いも考えてみてください。

ホームセンターの特性／
広い売場と専門知識が必要

　ホームセンターは、衣食住の中でも主に「住」に関連した数多くの商品を品揃えしています。家庭用品、DIY用具、DIY素材、園芸、エクステリア、ペット、ペット用品、電気器具、機械器具、インテリア、カー用品、レジャー用品……など、「住」に関することなら何でも揃っているのがホームセンターです。

　商品点数が非常に多いことや、DIY素材などの大型商品も数多く、売場面積もかなりのスペースを必要とします。従って、ホームセンターの多くは、郊外の広い場所に広い駐車場を設け、広々とした店内は、主に平屋で作られているケースが多くなります。

　人々の生活様式が多様化する中で、ホームセンターはますます大型化の方向へと進んでいるといえます。

　また、商品点数も非常に多く10万～20万点程の品揃えを必要としており、通常のスーパーマーケットの5倍以上はあります。その一方で、商品単価を比べると、スーパーマーケットより高い商品が多いですが、逆に商品回転率は低い商品が多くなっています。従って、在庫管理を徹底することがホームセンターの収益に大きく影響してきます。

　このような特徴を持つホームセンターを効率よく運営し、かつお客様の様々なニーズにキメ細かく応えるためには、幅広く深い知識を持った従業員を数多く必要とします。

　例えば、家庭用品・日用品／DIY用具・素材／園芸・エクステリア／ペット・ペット用品／電気機械器具／インテリア／カー用品・アウトドアといったカテゴリーでは、特に専門的な知識や経験を持った従業員が必要となるでしょう。

従って多くの企業では、新入社員研修や既存社員への教育・研修制度などを充実させ、ホームセンターの社員として必要とされる知識が、しっかりと身につくように努力をしています。

以上の点から、ホームセンターの特徴を要約すると、以下の3点を挙げることができます。

・ 売場のカテゴリー分けがあり、売場面積も非常に広い。
・ 品揃えが多岐にわたり、商品点数も非常に多い。
・ 一般従業員の他に、専門知識を持った従業員も必要。

これらから、ホームセンターのシフト管理も、ホームセンターの特徴を考慮したものが必要になってきます。

■ホームセンターにおけるシフト管理とは？

ここでは、ホームセンターにおけるシフト管理で考慮すべき点について説明します。

まず初めに、「売場のカテゴリー分けがあり、売場面積も非常に広い」というホームセンターの特徴からは以下が挙げられます。

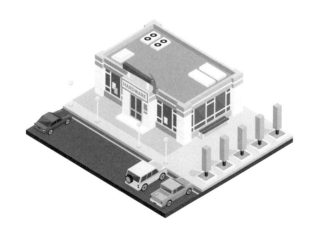

・作業指示を出す際に、売場間の移動時間を考慮する。

・例えば、A館のレジからB館のレジに移動する場合、仮にA館からB館への移動時間が5分だとしたら、5分間の余裕を持った作業指示を出すようにする。

・園芸コーナーなど、屋外に売場やレジがある場合、特に夏場や冬場には長時間の労働はなるべく避けなければならないので、同じレジ作業でも屋外は時間を短くして指示を出すようにする。

　次に、「品揃えが多岐にわたり、商品点数も非常に多い」というホームセンターの特徴から考えてみます。この点からは、シフト管理において、以下の考慮が必要になってきます。

・商品カテゴリーごとに、従業員をグループ化しているケースが数多く見られます。そこで、従業員を任意のグループに分け、グループ内で一日の作業が完結するように作業指示を出さなければならない。

・特に、発注作業は重要な業務の一つになりますので、発注業務ができる従業員を確実に出勤させ、日々の発注漏れをなくすことが重要になります。

　また、「一般従業員の他に専門知識を持った従業員も必要」というホームセンターの特徴を見ると、シフト管理には、以下のような考慮が大切になってきます。

・接客による商品説明が必要なカテゴリーもあります。ただ、ホー

ムセンターでは、常に接客をしているというわけではありません
ので、接客と並行して、他の業務も同時に行うような指示ができ
るようにしなければならない。

・専門知識を持った従業員の数は限られているケースもありますの
で、それらの人たちが重複して出勤する、または誰もいないとい
う状況を作らないようなシフト管理をしていく。

以上が、ホームセンターにおけるシフト管理上の主な考慮点になる
と考えられます。

現在、ホームセンター業界は経営統合が進み、これから、ますます大
規模化していくと考えられます。また、取扱商品数が非常に多く、専門
的知識を要する従業員も多く必要だといった業界特性からも、大規模
化は、さらに進むものと思われます。

そのような流れの中で、ホームセンターにとっての大きな経営課題
の一つは、従業員の質と量の確保であり、同時に、今いる従業員を最大
限有効に活用することであるといえます。

従って、作業と従業員のマッチングで生産性の向上を目指すシフト
管理システムの有効活用は、今後ますます重要になってくるものとい
えるでしょう。

ドラッグストアの特性／医薬品＋日用品。資格取得従業員も

　日本チェーンドラッグストア協会のHPによると、「ドラッグストアとは、医薬品と化粧品、そして、日用家庭用品、文房具、フィルム、食品などの日用雑貨を取り扱うお店で、健康で美しく、毎日を豊かに暮らしたいという生活者の願いから生まれた店」だと理解できます。

　また、薬を扱う店には、薬剤師が常駐して調剤室が併設され、医療用薬品の取り扱いができる「薬局」と、一般用医薬品しか扱えない「薬店」の2つに分けられます。それに準じてドラッグストアも、「薬局」もしくは「薬店」としての許可を持つ店に分かれています。

　医薬品の販売にあたっては、適正な資格を持った人が行う必要がありますが、2009年の改正薬事法で「登録販売者」という新しい公的資格が誕生しました。それまでは、医薬品を販売できるのは「薬剤師」か「薬種商」という資格者のみでしたが、新たな専門職が誕生したのです。登録販売者の誕生により、医薬品の調剤業務と販売業務の分業が可能となり、薬剤師の負担が減少したといえます。ただ、登録販売者の仕事内容は医薬品の販売が主ですが、すべてを扱えるわけではなく、「第2類医薬品」と「第3類医薬品」に分類されている医薬品が、販売可能となっています。では、登録販売者になるための条件ですが、各都道府県で実施される試験に合格したのち、都道府県知事の登録を受けることで認められます。また、一定の実務経験を積むことで、店舗管理者へとステップアップすることも可能です。

　以上のような点からドラッグストアの特徴を要約すると、以下の3点を挙げることができます。

- 医薬品だけでなく、家庭用品、食品等の日用品も取り扱っている。
- 登録販売者や薬剤師といった資格を持った従業員が必要である。
- 数多くの店舗を全国展開しているドラッグストアが多い。

これらの特徴から、ドラッグストアのシフト管理もドラッグストアの特徴を考慮したものが必要になってきます。

■ ドラッグストアにおけるシフト管理とは？

では、ドラッグストアにおけるシフト管理で考慮すべき点ですが、「医薬品だけでなく、家庭用品、食品等の日用品も多く取り扱っている」という特徴から考えていきましょう。

大切なこととしては、以下のようなことが挙げられます。

- 発注や品出しといったセルフサービス業態の作業も多く、作業指示がかなり詳細かつ多岐にわたらざるを得ない。

- シフト管理システムの導入前提として、店舗規模に応じた曜日別作業モデルを事前に作成しておかなければならない。

次に、「登録販売者や薬剤師といった専門資格を持った従業員が必要である」という特徴から考えると、以下のような考慮も大切です。

- 調剤薬局を兼ね備えた店舗では薬剤師の常駐が必須となるので、薬剤師が不在となる時間帯がないような勤務シフト表を確実に作成できる機能を持たせる。

- 登録販売者は必ず必要となるので、登録販売者が不在となる時間帯がないような勤務シフト表を作成する。

- 登録販売者を店舗管理者にステップアップさせるための実務経験（月80時間の勤務経験）を積ませるための勤務シフト表を確実に作成できる機能が大切になる。

また、「数多くの店舗を全国展開しているドラッグストアが多い」という特徴からは、さらに以下のような考慮が求められます。

- 全国の店舗を分割したエリアごとにマネージャーが存在しており、各マネージャーに対して配下にある店舗のシフト作成状況などをリアルタイムに提供できる機能を持たせる。

- 各エリアの人時生産性等の指標を横断的に比較・検討したり、エリア内の各店舗の人時生産性等の指標を横断的に比較・検討するためのMH管理をしていく。

以上が、ドラッグストアにおけるシフト管理上の主な考慮点になると考えられます。

ドラッグストアは、医薬品を取り扱うという性格上、薬剤師の確保や登録販売者の育成というところが重要な経営課題になっていますので、シフト管理システムが果たすべき役割が大きいといえるでしょう。

スーパーマーケットの特性／レジ業務負担と来店客変動

スーパーマーケットは、ごく身近な小売業として私たちの日常生活で切っても切り離せないものとなっており、加工食品、総菜品、日配品、一般食品を中心とした品揃えで、私たちの食生活を広範囲に支えています。

ただ、近年では他業態が食品の取り扱いを強化しており、コンビニエンスストアやドラッグストアなどとの競合も激しくなっています。

そのような中で、スーパーマーケットでは他業態との差別化を図るため、特に総菜品の強化に力を入れています。特に、少子高齢化や共稼ぎ世帯の増加などから、総菜品の需要は年々拡大しており、総菜品の品揃え強化がスーパーマーケットの大きなテーマです。

さらに従来は、外部業者から総菜品を仕入れて販売するスーパーマーケットが多かったものですが、最近では差別化のため、店内加工で、できたての総菜品を販売するところが多くなっています。その結果、総菜担当者の作業負荷も大きくなるといえるでしょう。

また、販売形式としてはセルフサービス形態を取っていますが、レジ業務やバックヤード業務では、多くの従業員を必要としています。

特に、レジ業務では数十人のパートやアルバイトの確保は重要で、その管理はレジ責任者の大きな負担になっています。なかでもシフト作成業務には頭を悩ましているところが多く、レジ責任者の業務負荷の上位を占めています。

これに加えて、天候などによる来店客数の変動もあり、せっかく立てた計画が思いどおりに行かないこともしばしばです。

以上のような点からスーパーマーケットの特徴を要約すると、以下の3点を挙げることができます。

・ レジ業務の人員が多く、シフト表作成に多くの労力を割いている。
・ バックヤードの業務が多く、業務の効率的な運用に苦労している。
・ 天候などによる来店客数の変動があり、ムリ・ムラ・ムダを生じやすい部分がある。

　これらの特徴から、スーパーマーケットのシフト管理もスーパーマーケットの特徴を考慮したものが必要になってきます。

■ **スーパーマーケットにおけるシフト管理とは？**

　ここでは、スーパーマーケットにおけるシフト管理で考慮すべき点について解説します。まず初めに、「レジ業務の人員が多く、シフト表作成に多くの労力を割いている」というスーパーマーケットの特徴からは、以下のような点が挙げられます。

・ 1日の来店客数の流れを読み、繁忙時間帯と閑散時間帯を把握した上で、ムリ・ムラ・ムダのないシフト組みを行う。

・ 食事休憩や業務休憩を確実に確保させるため、休憩時間帯のフォロー体制をしっかりとシフト組みに反映させる。

・ レジの配置でも忙しいレジと比較的余裕のあるレジがでてくるため、レジ作業が平等になるようにシフト組みを行う。

次に、「バックヤードの業務が多く、業務の効率的な運用に苦労している」というスーパーマーケットの特徴から考えると、シフト管理における考慮は、以下のようになってきます。

・ それぞれのバックヤードで必要とされる業務内容を洗い出し、それらを、曜日別時間帯別の作業モデルに落とし込んで、やるべき作業の見える化を行う。

・ 曜日別作業モデルの他に、特殊日に対する作業モデル（例えば、棚卸日、創業祭……など）も作成する。

・ 社員、パート、アルバイトの個人別作業スキルを正しく把握し、誰にどの作業を行わせるのがベストなのかを把握する。

また、「天候などによる来店客数の変動があり、ムリ・ムラ・ムダを生じやすい」というスーパーマーケットの特徴からは、以下のような考慮がシフト管理には必要になるでしょう。

- ・ どの程度、来店客数が変動するのかを読み、事前に立てたシフト計画や作業計画へのインパクト度合いを判断する。

- ・ 特に、レジ部門で要員の過不足が生じやすく、不足するときは他部門からの応援を、また逆に過剰になるときは他部門へ応援に出すなどの柔軟性を持たせる。

　以上が、スーパーマーケットにおけるシフト管理上の主な考慮点になると考えられます。スーパーマーケットは、地域住民にとってなくてはならない存在です。しかし、その分、競合他社との競争も多く、「良い品をより安く提供する」ことを掲げているスーパーマーケットにとっては、効率的な店舗運営が必須の条件になっています。

　そのためには、事前の作業計画や要員計画が極めて重要であり、それらの計画を確実に実施することを的確にフォローできるシフト管理システムの重要性は、他の業種以上に高いものがあるでしょう。

　消費者のニーズがますます高度化、複雑化していく中で、セルフサービス形態を取るスーパーマーケットでも、お客様に対してはよりフレンドリーであると同時に、業務面では今まで以上に科学的であることが求められているといえます。

フィットネスクラブの特性／インストラクターの正確配置

　フィットネスクラブは、トレーニングマシンなどの器具を備えたジム、グループでエクササイズなどをするスタジオ、水泳や水中ウオーキングなどができるプール、といった複合的な施設からなっています。

　その他、ジム、スタジオ、プールといったベーシックな構成のほかに、ゴルフやテニスやダイビングのスクール、フットサルやテニスのコート、外食チェーンなどを併設しているところもあり、また、スパやサウナ、マッサージ、エステなど、リラクゼーション施設を兼ね備えたフィットネスクラブも増えています。

　さらに、フィットネスクラブで必要なウェア、シューズ、バッグ、スイムウェア、飲料、サプリメントなどを販売するところもあります。

　フィットネスクラブは、入会手続きが必要な会員制が主流になっており、会員に対してはインストラクターがレッスンなどで指導する形を取っています。

　インストラクターは、必ずしも正社員だけではなく、インストラクター契約している外部のスタッフも数多くいますので、インストラクターの教え方の上手い、下手が、会員獲得に大きく影響します。

　従って、いかに良いインストラクターを確保できるかは、フィットネスクラブとしては大きなポイントになっています。

　また従来型のフィットネスクラブのほかに、最近では、自分のライフスタイルに合わせて気軽にトレーニングができる、24時間対応のフィットネスクラブも出現しています。

ただ、この24時間型フィットネスクラブは、主にジム専門で、夜間はインストラクターを置かずに、コスト削減を図っているところが多いと思われますが、仕事で忙しい人にとっては、空いた時間でも気楽に利用でき、利用後もシャワー室で汗を流してから仕事に戻るといったこともできるため、これからも、このタイプのフィットネスクラブは増加していくように思われます。

　以上のような点からフィットネスクラブの特徴を要約すると、以下の3点を挙げることができます。

- ・レッスンプログラムに対しては、確実にインストラクターを配置していかなければならない。
- ・ジム、スタジオ、プール間の繁閑を考えながら、従業員を上手く配置する。
- ・小型店については、店舗応援を前提として複数店舗をまとめて管理することを考えていく必要がある。

　これらの特徴を考えて、シフト管理にも様々な考慮が必要です。

■フィットネスクラブにおけるシフト管理とは？

　ここでは、フィットネスクラブにおけるシフト管理で考慮すべき点について解説していきます。

　「レッスンプログラムに対しては、確実にインストラクターを配置していかなければならない」というフィットネスクラブの特徴からは、まずは、以下のような考慮が求められます。

・ レッスンプログラムは事前に各会員にはアナウンスされているため、シフト表の作成にあたっては、担当するインストラクターを確実に確保する必要がある。

・ 一つのレッスンプログラムに複数のインストラクターが対応可能な場合には、他のレッスンとの兼ね合いを考えて最適なインストラクターを割り当てる必要がある。

・ プライベートレッスンでは、会員とインストラクターの間でレッスン日が決められるケースもあり、その情報がシフト作成時に確実に反映される必要がある。

　次に、「ジム、スタジオ、プール間の繁閑を考えながら、従業員を上手く配置する」というフィットネスクラブの特徴から、シフト管理には、以下のような考慮をしていかなければなりません。

・ 通常はジム、スタジオ、プールでそれぞれ担当は分かれている場合が多いが、要員に過不足が生じた場合、ジム、スタジオ、プール間で応援対応ができる必要がある。

- ジム、スタジオ、プール以外にもフロント業務やバックオフィス業務があり、それらの業務も確実に従業員を割り当てる必要がある。

また、「小型店については、店舗応援を前提として複数店舗をまとめて管理することを考えていく必要がある」というフィットネスクラブの特徴からすると、シフト管理には以下のような考え方も大切です。

- 小型店の場合は従業員数が少なく、従業員数の過不足が生じやすい。そのため、シフト作成は複数店舗まとめて作成する。

- 従業員が不足する店舗へは応援要員を派遣させる必要があり、応援要員の事前登録と不足店舗への派遣を素早くしていく。

以上が、フィットネスクラブにおけるシフト管理上の主な考慮点になると考えています。

フィットネスクラブは、老若男女を問わずに利用できる施設であり、健康増進やストレス解消などに利用される現代社会では必要不可欠な施設となっています。

また、プライベートレッスンに対するニーズや、24時間いつでも利用したいというニーズなど、時代のニーズに応じたサービスを提供していく必要もありますので、インストラクターや従業員といったソフト面でも改善が必要になってきます。

そのためにも、シフト管理システムでムリ・ムラ・ムダのない管理を行い、インストラクターや従業員に不平不満を生じさせないことが大切だといえるでしょう。

ファッション専門店の特性／
人件費とスキルのバランスを

　ファッション専門店（アパレル専門店ともいう）は、婦人服、紳士服、子供服など、主に自社ブランドを中心としてビジネスを展開しており、主に百貨店、駅ビル、ショッピングセンター、アウトレットモールなどに出店しています。

　また、出店エリアは首都圏のみならず、主要な都市に店舗を展開しており、多い所では全国に数百店舗以上を展開しています。

　そのようなファッション専門店を運営するには、顧客対応に力を発揮できる従業員やファッションに関する知識が豊富な従業員が必要となります。また接客以外の業務も多く、商品発注や商品陳列、レイアウト変更、売上報告、DM作成と発送……など、数多くのバックオフィス業務も同時に行う必要があります。

　従って、ベテランの従業員のほかにも、新人従業員やパート、アルバイトといった人たちも同時に働いてもらわなければなりません。

　また、ファッション専門店のビジネスは、ネット通販との競争も激しく、百貨店などの売上減少などとも相まって、実店舗での売上は伸び悩んでいるのが実情です。そのため、ムリ・ムラ・ムダを排除した店舗運営が今まで以上に求められるようになっていますが、その中でも人件費の削減は最も関心の高い経営課題の一つであるといえます。

　しかし、人件費の削減がお客様へのサービスレベルの低下に結び付くと、結果的に客離れを招き、負のスパイラルになってしまう危険性を秘めているといえるでしょう。

以上のような点からファッション専門店の特徴を要約すると、以下の3点を挙げることができます。

- ・ 売上予算に連動した経費予算内に人件費を抑える。
- ・ 接客を重視した人員の配置を、従業員ごとの個々のスキルを考慮しながら行っていく。
- ・ 小型店に関しては、複数店舗をまとめて管理する。

　ファッション専門店のシフト管理も、やはり、上記のような特徴を考慮する必要があります。

■ファッション専門店におけるシフト管理とは？

　ここでは、ファッション専門店におけるシフト管理で考慮すべき点について述べていきます。

　まず初めに、「売上予算に連動した経費予算内に人件費を抑える」というの特徴からは、以下のような発想が大切です。

- ・ イベント企画も多く組まれるため、特殊日も考慮した売上予算と、それにマッチした「ムリ・ムラ・ムダ」のないシフト計画を作成していくようにする。

- ・ シフト計画は、時間帯別の来店客数の波を考えながら、それに合わせた形で作成していく。

・ 余剰人員が出た場合は、人員の不足する店舗への応援により、双方の店舗の人時バランスを調整していくようにする。

「接客を重視した人員の配置を、従業員ごとの個々のスキルを考慮しながら行っていく」というファッション専門店の特徴から考えていくと、シフト管理者は、以下のような点を考慮しながら作業を進めることが大切です。

・ お客様に一定のサービスレベルを提供するために、曜日や時間帯による、接客スキルの偏りがないシフト表を作る。

・ 接客をメインとした作業割当表を作成しながら、同時に並行して行う作業も指示できるようにする。

また、「小型店に関しては、複数店舗をまとめて管理する」という特徴から、シフト管理については、ファッション専門店において、以下のような考慮がシフト管理に求められます。

・ 小型店の場合は、従業員数が少なく、従業員数の過不足が生じやすいという状況がある。それを踏まえて、シフト作成は、複数店舗まとめて作成していく。

・ 従業員が慢性的に不足する店舗へは、本社側で準備した応援要員を派遣させなければならない。従って、応援要員の事前確保と不足店舗への派遣が素早くできるようにする。

以上が、ファッション専門店におけるシフト管理上の主な考慮点になるといえます。

ファッション専門店は、時代のニーズを、「ファッション」という形で表現し、衣食住の基本要素の一つとして確固とした地位を築いてきました。

　これからもファッション専門店としての重要性は変わりませんが、ネット通販との競合はまずまず熾烈になってくると思われます。

　しかし、実店舗の必要性がなくなったわけでは決してなく、これからも実店舗は形を変えながら、より消費者のニーズに合った形で変化を遂げていかなければなりません。

　そして、実店舗の得意とするところの人的サービスを、ますます強化していかなければならないことも確かです。

　コスト競争が激しさを増してくる中での差別化は、やはり付加価値を生み出せる優れた人的サービスの提供であるといえます。

　そのためには、従業員が気持ち良く働ける環境を提供していくことが企業としては極めて重要なポイントであり、ムリ・ムラ・ムダのないシフト管理を可能とする、シフト管理システムの導入が最重要だといえるのではないでしょうか。

外食チェーンの特性／
アルバイトとピークタイム

　外食チェーンでは、ファストフードやレストランなどを中心として、直営店やフランチャイズ店の多店舗展開を行っている企業が多くあります。また、外食チェーンの多くは、材料の仕入れから加工までを行う「セントラルキッチン」を持っており、各店舗へは完成手前の食材をデリバリーしています。

　従って、店内では、加熱や盛り付けだけでお客様に提供できるようになっているため、店舗での作業を単純化でき、アルバイトでも業務をこなせるようにしています。外食チェーンでアルバイトの比率が高いのも、このような理由からきています。

　次に、外食チェーンにおける仕事を繁閑という面で見ると、店舗では必ずピーク時間帯というものがあります。1回目のピークは昼食の時間帯、2回目のピークは夕食の時間帯と、おおよそ1日に2回、または3回のピーク時間帯があるといえます。そのため、売上予算も昼の予算、夜の予算という形で分けて設定しているところもあります。このような考え方は、外食チェーン独自のものであるといえます。

　また、店舗では調理場やフロアーなど、ポジションごとに仕事の持ち場があり、それぞれのポジションで必要とする人数やスキルが予め決められているケースが多いものです。この各ポジションに、従業員を適切に配置することが、店舗運営上では非常に重要になってきます。

　以上のような点から外食チェーンの特徴を要約すると、以下の3点を挙げることができます。

- アルバイトを多く抱えており、アルバイトの戦力化が重要な課題になっている。
- 多くは、ピークタイムが昼と夜の2回あり、それぞれに対して売上予算が設定されているケースが多い。
- 調理場、フロアーなどのポジション設定があり、それぞれのポジションごとに必要人員を確保しなければならない。

従って、外食チェーンのシフト管理は、これらの特徴を考慮しながら進めなければなりません。

■外食チェーンにおけるシフト管理とは？

ここでは、外食チェーンにおけるシフト管理について、考慮しなければならないポイントについて説明していきます。

「アルバイトを多く抱えており、アルバイトの戦力化が重要な課題になっている」という外食チェーンの特徴からは、以下を考えるべきだといえます。

- 勤務可能な曜日や時間帯がそれぞれ異なるアルバイトを、上手く活用するために、各時間帯で必要になる人数とマッチした形でアルバイトを計画的に採用する。

- また、学生アルバイトは、試験時期にはあまり勤務できない、新

学期には入れ替わりが多い……といった特性を十分考慮した上で、計画的にアルバイトを採用する。

・ 個々のアルバイトの能力に応じた教育プログラムを準備し、個々のアルバイトの戦力化と、長期にわたって働いてもらえる施策を同時に展開する。

次に、「多くは、ピークタイムが昼と夜の2回あり、それぞれに対して売上予算が設定されているケースも多い」という外食チェーンの特徴からは、以下が求められていきます。

・ 営業時間帯を通しての管理の他に、昼の部、夜の部といった括りでも管理する。

・ 昼の部の必要MHと投入MH、および過不足MH、夜の部の必要MHと投入MH、および過不足MHという形で管理する。

・ 昼の部での採算、夜の部での採算という形で管理する必要があり、それぞれの括りで売上予算と人件費予算がマッチしているかどうかを管理する。

また、「調理場、フロアーなどといったポジション設定があり、そのポジション毎に必要人員を確保しなければならない」という特徴から、シフト管理には、以下考慮すべきだといえます。

・ 各ポジションにおける必要な人数と必要なスキルを明確に定義するようにしていく。

・ そのため、必要なスキルをポジション別に明確にし、各従業員の教育にも利用する。

・ 従業員ごとに、対応可能なポジションと対応可能な作業を明確にしていく。

・ 従業員が複数のポジションを兼務できるようにすることが、シフト管理上で有効であるため、それを上手く推進していく。

　以上が、外食チェーンにおけるシフト管理上の、主な考慮点になるでしょう。

　外食チェーンは、厳しい価格競争の中にありますから、人件費を抑えることは、経営上の至上命題となります。
　しかし企業として、そこで求められるものは、人件費は抑えつつも、従業員のモチベーションを維持・向上させる努力を継続することだといえます。

　そのためには、従業員の状況や考え方に沿って、働き方に柔軟性を持たせることが重要です。そして同時に、その柔軟性をしっかりと受け入れられる、企業としてのシフト管理を構築していく必要が生まれてくるのです。

　企業としての外食チェーンには、従業員と交わした雇用条件を最大限に守ることが求められます。かつ、全体として、ムリ・ムラ・ムダのない勤務体制を構築・維持するということが必要だといえます。
　外食チェーンは、この二律背反する課題を、シフト管理システムによって解決していかなければならないといえるかもしれません。

アミューズメント業界の特性／パート・アルバイトの雇用と教育

　アミューズメント業界は、人々を楽しませることを目的としています。従って、以下のような様々な業種で構成されています。

- 映画
- ボウリング
- ゲーム
- カラオケ
- パチスロ、パチンコ
- テーマパーク
- 遊園地……など

　このようにアミューズメント施設には、人々の余暇を充実させるための種類が実に数多くあります。ほとんどの人がいずれかの施設を利用した経験があるのではないでしょうか？ それだけ、私たちの身近にある存在だといえます。

　アミューズメント業界は、人々の娯楽に対する意識の向上と相まって、その数や種類を拡大してきた経緯があります。それと同時に、大手企業のアミューズメント業界への進出が進み、さらなる企業規模の拡大が図られてきました。そのため、各業種における大手企業が占める割合は、年々増加しています。

　そのようなアミューズメント業界を運営するには、数多くの従業員を必要としますが、他の業種と比べて職場としての人気があり、従業員を採用する点においては、恵まれている方だといえます。

　また、大手企業がアミューズメント会社を運営しているという点から、他業種と比較しても待遇面は良く、福利厚生も充実しています。

さらに、女性が働きやすいようにと、産休や育休制度を積極的に導入している企業もあり、以前より遥かに働く環境は良くなっているといえます。

　そういったアミューズメント業界ですが、業務面で見ると、パート・アルバイトの戦力化という点がやはり大きなテーマであるといえます。来場者と直接対応することの多い業種ですから、パート・アルバイトの接客能力が来場者の満足度にも直接影響するのです。

　そのため、いかに自社が求めるパート・アルバイトを採用できるか、また、採用したら、いかに自社が求めるレベルまで教育できるか、といったことが重要になってきます。

　また、アミューズメント業界の多くは、夏休み期間などが年間を通して最も来場者が多くなりますので、ピーク時には、平常時の2倍以上のパート・アルバイトを雇用しなければならないといった状況も起こります。そして、優秀なパート・アルバイトを、いかに年間通して継続雇用できるかといったことも大きなテーマとなってきます。

　以上の点からアミューズメント業界の特徴を要約すると、以下の3点を挙げることができます。

・ 比較的パートやアルバイトは採用しやすいが、自社の実情にマッチしたパート・アルバイトを上手く採用していく。
・ 夏休み期間などが年間を通して一番忙しいといった施設も多く、パート・アルバイトを上手く継続雇用させる。
・ パート・アルバイトを有効活用するための教育プログラムを充実させていく。

　これらから、アミューズメント業界のシフト管理も、その業界の特徴を考慮したものが必要になってきます。

■アミューズメント業界におけるシフト管理とは？

ここでは、アミューズメント業界におけるシフト管理で考慮すべき点について説明します。「比較的パートやアルバイトは採用しやすいが、自社の実情にマッチしたパート・アルバイトを上手く採用していく」という特徴から考えることは以下のようになります。

・ どの業務がどのレベルのスキルを必要とするのかを、明確に定義していく。

・ そのため、業務とスキルのマトリックスである「業務別スキル表」を作成する。

・ パート・アルバイトの採用時には、作成した「業務別スキル表」と照らし合わせて、適性を判断していく。

次に、「夏休み期間などが年間を通して一番忙しい、といった季節性が大きい業種も多く、パート・アルバイトを上手く継続雇用させる」という特徴から、以下のような考慮が必要になります。

・ パート・アルバイトの勤務実績から、何らかの評価制度をパート・アルバイトにも採用して、有効活用する。

- 比較的来場者の少ない季節や平日などで、勤務希望者が多い場合は、評価の高い人から勤務させるといった工夫をする。

- そのような対応の中で、評価の高いパート・アルバイトを年間通して継続雇用できるようにしていく。

また、「パート・アルバイトを有効活用するための教育プログラムを充実させていく」という特徴からは、以下を注意します。

- 何ができて、何ができないかを明確にするよう、パート・アルバイト個々のスキルマップを作成する。

- 作成したスキルマップを基に、パート・アルバイトへのキメの細かい教育を行う。

- それにより、パート・アルバイトも目標が明確になり、働くモチベーションもアップするといえる。

以上が、アミューズメント業界におけるシフト管理上の主な考慮点になりますが、ここでは、これからも様々な新しい業態が生み出されてくるものと思われます。しかし、来場者の満足を得るためには、接客する従業員のスキル向上が必要ですので、その施策や工夫は、ますます重要になってくるといえます。従って、パート・アルバイトの採用面で恵まれているとはいえ、ムリ・ムラ・ムダのない採用や運営は欠くことができませんし、従業員のモチベーションを維持・向上させながら、スキルアップも同時に図っていかなければなりません。そのためには、合理的な考え方やシステム的なアプローチも必要です。シフト管理システムは、そのための極めて有効なツールとなります。

第6章のまとめ

- ● ホームセンターは、売場面積が広く、取扱商品が多岐にわたっている点が、シフト管理に影響を与えています。

- ● ドラッグストアは、薬剤師や登録販売者といった有資格者が必要だという点が、シフト管理に影響を与えています。

- ● スーパーマーケットは、レジ業務とバックヤード業務が多いという点が、シフト管理に影響を与えています。

- ● フィットネスクラブは、レッスンプログラムが多岐にわたるという点が、シフト管理に影響を与えています。

- ● ファッション専門店は、接客業務が中心であるという点が、シフト管理に影響を与えています。

- ● 外食チェーンは、ポジションという仕事の持ち場がはっきりしているという点が、シフト管理に影響を与えています。

- ● アミューズメント業界は、シーズンや曜日などによる繁閑が大きいという点が、シフト管理に影響を与えています。

第 **7** 章

参考にしたい
成功企業の改善事例

この章では、AIを活用したシフト管理システムを導入して、
優れた効果を発揮している先進的企業を紹介します。

（1）株式会社ロフト
（2）株式会社ラウンドワン
（3）株式会社オオゼキ
（4）株式会社ロック・フィールド
（5）BOTEJYU Group（ぼてぢゅう）
（6）イオンエンターテイメント株式会社

※インタビューさせていただいた方々の所属・役職は、インタビュー時点のものとなります。

株式会社ロフト
シフト作成時間の50%カットと"見える化"を推進

シフト作成時間が半分以下になることを確認後、わずか3ヵ月で100店舗以上のシステム展開を完了。各スタッフのスキルも考慮したシフト表が自動的に作成でき、本社にいるスタッフも自席のパソコンから各店舗のシフト作成状況を確認できるようになり、シフトの見える化が大きく前進しました。

Q1▶ なぜ、シフト管理システムに注目されたのですか?

A 情報システム部 部長　**飯塚健児** 様

ロフトは「時の器」をコンセプトに、時代の変化や流行、空気感、ニーズの変化などを大切にした魅力的な店作りを通して、全国に新たな流行を発信しています。

　ロフトの第1号店は、西武百貨店の別館から始まった「ロフト館」でした。その後、ロフトは順調に規模を拡大し、現在は日本全国に124店舗を擁する(2020年2月現在)、日本を代表する雑貨店となっています。ロフトの社員に求められるのは、売り場において何をお客様に提案するのか、どう企画するべきかを真剣に考えることです。単にきれいな売り場を作るだけでなく、売り場をどう見せるのか、すべての社員が日々試行錯誤と挑戦を繰り返しています。

　そのような状況において、ロフトは「店舗の生産性向上」を目指すべく、2017年秋から店舗での実験をはじめ、それを検証してきました。その結果を踏まえて、2018年3月に全国店舗にアールシフトを一斉に展開、現在は全店でアールシフトを稼働しています。

Q2 ▶ アールシフトに決めた経緯をお聞かせください。

A 飯塚健児 様

当社では日本全国にある100を超える店舗に、アルバイトからパート、社員に至るまで、様々なスキルとバックグラウンドを持つ5000人近くの従業員が働いています。

これまではExcelを用いて「月間シフト表」や日ごとの「作業シフト表」を作成していましたが、シフトを作成・管理する業務に多大な時間と労力を割くことになり、大きな課題となっていました。

こうした背景の下、2017年3月に「LoFt WAY プロジェクト」が発足しました。これは「ロフトらしい仕事の手法を徹底すること」を目指すプロジェクトです。日々の暮らしの中で喜びに寄り添い、悩みを解決するためのストーリーを描き、新たな提案を商品の編集とディスプレイで表現して、ロフトでしか出合えない「モノ」や「コト」を増やしてロフトアプリやＳＮＳで情報発信していく、こういった流れを徹底することです。

プロジェクトを実行するにあたり、社内では様々な議論が行われました。そしてその議論の末、目標達成のためには、店舗業務の「統一化」「見える化」「効率化」を推進することが必要だとの結論に至り、シフト作成ツールの検討を開始しました。

そのような折、オーエムネットワークのアールシフトが目に留まりました。シンプルでわかりやすい画面、ボタン一つで簡単に操作できる使いやすさに興味を持ったのです。実際にデモを見せてもらったところ、たしかに操作は容易で画面もわかりやすく、なおかつ豊富な機能を持っており、予想どおりの製品であることがわかりました。そこで、

2017年9月より規模の異なる2店舗で実験をすることにして、実際に、その効果を検証することになりました。

これまでExcelでシフトを作成していたときは40〜50分ほどの時間を要していましたが、アールシフトでは20分ほどでシフトを作成することができ、シフト作成時間短縮の効果を期待できることがすぐにわかりました。その後、検証店舗をさらに拡大して検討を続けた結果、2017年12月に全店導入することが正式に決定しました。

そうした準備期間を経て2018年3月より全店一斉に運用を開始しましたが、導入は大きな混乱もなくスムーズに行えました。検証期間を通して、アールシフトを社内の業務でどう活用すべきか、時間をかけて検討することができたことが大きかったと考えています。これからもアールシフトを活用し、店舗業務の「統一化」「見える化」「効率化」を会社全体で推進していきたいと考えています。

Q3▸アールシフト導入後の効果についてお聞かせください。

A オペレーションサポート部 オペレーション改善担当　山下真七果 様
これまで長い間、店舗のシフト作成業務にはExcelを使ってきました。しかし、店舗によってシフトの作り方が異なっていたり、その店舗の人以外はシフトを参照できなかったりすることが気になっていました。シフトを作成する側の負担が大きい割には、満足のいくシフトの作成や運用は十分に実現できていなかったのです。

今回導入した店舗シフト管理システム・アールシフト（私たちは「システムワースケ」と呼んでいます）は、直感的に操作できる操作性や画面のわかりやすさが特長だと感じています。検証に参加した店舗の現場においても、「操作がわかりやすく、これからじっくりと使い込んでいけば

かなり活用できるのではないか」と、検証の開始段階から高い期待を感じさせる声が多く挙がってきました。

　実際にアールシフトを導入してみて、まず何よりも効果が感じられたのは、シフト作成にかかる時間短縮が実現できたことでした。アールシフトを使うと、各スタッフのスキルを考慮しつつ、効率的なシフト表が自動的に作成されるのですから、Excelを使っていた頃とは比較にならないほどの効率です。

　もちろん、実際に店舗を運営していくにあたっては、急遽発生する作業も多く、必ずしも自動作成されたシフト通りにいくとは限りません。

　しかし、アールシフトはシフトの変更も簡単に行えるのです。この柔軟性は、店舗の現場を運営する上で、とても大事なことです。

　アールシフトを導入して得られた効果はそれだけではありません。各店舗で自動作成されたシフトを、私のように本社にいるスタッフも自席のパソコンから確認できるようになり、「シフトの見える化」を大きく前進させることができました。

　従来、各店舗からExcelファイルを提出してもらって集計していた時と比べると、全く違う世界を眺めているようです。

　「シフトの見える化」が進んだ結果、1店舗のシフト状況だけではなく、各店舗の状況を互いに比較することで、より効率的なシフトの組み方が見えてくるようになりました。これは予想外の収穫だったと思っています。

　これからもアールシフトを活用し、シフト作成の効率を上げていくと同時に、より効率的なシフトが組めるようにしていきたいと思います。それが従業員のモチベーションアップにつながり、ひいてはロフトの店舗が、これまで以上に魅力的なものになることが私の願いです。

株式会社ラウンドワン
経験とスキルを考えた最適解を2〜3分で

1店舗100人以上のアルバイトを効率的に管理。各人の経験やスキルを考慮した複雑な勤務シフト表も2〜3分で最適解を導き出してくれます。また、週3時間かかっていたシフト＋作業割当業務が60分に短縮され、65％以上の削減効果を達成しています。

Q1 ▸ なぜ、シフト管理システムに注目されたのですか？

A 運営企画本部 副部長　池田龍平 様

ラウンドワンの企業コンセプトは、「大切な人と向かい合って笑い合える」空間を創り続け、提供し続けること。これは創業から今日まで全く変わっていないコンセプトです。

ローラースケート場から始まったラウンドワンは、現在では複合エンターテインメント施設として、日本に103店舗、アメリカに41店舗の店舗を展開しています（2020年3月現在）。ラウンドワンの社員には、スタッフの教育・管理はもちろんのこと、サービスや設備の変化を促し、業務効率を追求すること。そして何より"楽しさを進化させること"を真のミッションとして、発想力や提案力、実行力、粘り、努力など、すべてのものが求められています。

それをクリアするためにはシフト管理システムの導入が必要と考え、2018年3月よりアールシフトを全面的に稼働させ、ラウンドワンの企

業コンセプトを側面から支援する仕組みを構築しています。

Q2： アールシフトに決めた経緯をお聞かせください。

A 池田龍平 様

当社では平均10名の社員と100名のアルバイトで、1つの店舗を運営しています。ですから従業員全体に占めるアルバイトの割合が極めて高く、経験やスキルの異なる多くのアルバイトをいかに活用するかが極めて重要な経営テーマになっています。

また、来店されるお客様により喜んでいただくために、接客のレベルを向上させることや、仲間たちと協力してより楽しい空間を創りだしていくことも大切です。

そのためにも、店舗管理者は部下やアルバイトとの関わりが重要になってきますので、いかにスタッフのやる気を引き出して、どこにも負けないサービスを実現・実行していくかが必要不可欠になります。

ただ、それだけに、シフト作成業務は複雑にならざるを得ません。アルバイトの経験やスキルを加味し、かつモチベーションを維持向上させるシフトを作成することが求められているからです。

従来から、店舗ではExcelを使ってシフト表を手作業で作成していましたが、その負荷は相当なもので、シフト作成業務の効率化が大きな課題となっていました。

そこで、市販されているシフト管理システムの多くを調べましたが、当社が求める複雑なシフト作成を100％可能とするものは残念ながらありませんでした。しかし、より近いと思われるシステムを2、3に絞

り、当社の要望をカスタマイズで対応してくれるメーカーを選定することになったのです。

　その結果、オーエムネットワークのアールシフトがより確実に当社の要望を満足できると判断して導入を正式決定しました。

　その後、半年余りのカスタマイズ作業を経て、2018年3月からアールシフトの店舗導入が開始されましたが、当初思っていた以上に順調に進みました。

　当社のような複雑なシフト組みを短時間で自動作成してくれるシステムを手に入れられたことは、大変大きな成果だと思っています。今後は、ほかのシステムとのデータ連携も実現しながら、さらに機能強化を進めていきたいと考えています。

Q3 ▶ アールシフト導入後の効果についてお聞かせください。

A 運営企画本部 部長　**倉本一司** 様
　私たちが目指したシフト管理システムは、「複雑なアルバイトのシフト作成をいかに自動化できるか」ということでした。

　しかし、単にシフト表を自動作成すれば良いかというと決してそうではありません。

　アルバイトの経験やスキルはそれぞれ人によってかなり異なりますので、店舗業務を確実に実施するためには、個々のアルバイトの経験やスキルをキメ細かく考慮しないと意味のないシフト表になってしまいます。

　従来から、個々のアルバイトの経験やスキルを加味してシフト表は作成していましたし、優秀なアルバイトには、より優先的に仕事を割り当てられるように考慮をしていました。しかし、そのことが逆にシフト作成を複雑にする原因にもなっていました。

ただ、アールシフトを導入した結果、次のような当社ならではの機能を実現することとしました。

- ・アルバイトには勤務可能な時間帯（例えば、10時～20時）を申告してもらい、その中で最も必要とする時間帯（例えば、14時～18時）を自動的に選定する機能。
- ・複数のアルバイトが同じ時間帯に勤務申請をしてきた場合、より適切なアルバイトを自動的に選定する機能。
- ・そのために、アルバイトの経験やスキルなどから個々のアルバイトを自動的に点数化できる機能。
- ・アルバイトが希望する勤務日数や1日の希望時間を考慮して選定する機能。
- ・一部のアルバイトにシフトが片寄らないように希望シフトの選定を平準化する機能……など。

　従来では上記のような機能を実現しようとすると、システム作りそのものが複雑になることと、仮に実現できたとしても結果が出るまでに処理時間が相当かかると考えていました。
　しかし、今回導入したアールシフトでは、システム化技術を駆使してシフトを自動作成しており、我々が想定した以上の精度で素早く最適なシフト表を作成してくれています。

株式会社オオゼキ
月間で1500万円以上のコスト削減を達成

レジ部門におけるシフト表を自動化することで、シフト作成時間を80%削減。さらに、人員投入のムリ・ムラ・ムダを徹底して削減することで、月間で1500万円以上ものコスト削減に成功。また、MH管理によって見える化を推進して、店舗応援の効率化やパート採用の効率化を実現。

Q1 ▸ なぜ、シフト管理システムに注目されたのですか？

A CS・ES向上推進グループ室長　黒﨑 勝 様

オオゼキは、東京都を中心に41店舗（2020年3月末現在）を展開しているスーパーマーケットで、「町のスーパーマーケット　オオゼキ」として、生鮮食料品、一般食料品、酒類、日用雑貨など選りすぐりの商品を販売しています。

1957年の創業当時から受け継がれている「喜客の精神」を基に、①お客様第一主義、②地域密着主義・個店主義、という経営理念を実践しており、オオゼキの一日当たりの来店客数は、東京都の人口の1%超である約13万人を超えています。

ただ、現状に満足することなくオオゼキはさらに進化を続けています。そして、その進化を後押しするためにはシフト管理システムが重要だと考え、オオゼキの企業理念を側面から支援する仕組みを構築しています。

Q2▸アールシフトに決めた経緯をお聞かせください。

A 黒﨑 勝 様

当社では、自分がやりたいことや興味があることを仕事にすることができます。それは興味のある分野を追求することで、働くことのモチベーションを高め、成長してほしいと思っているからです。

また、当社の活気の源はチェッカーの皆さん方だと考えています。お客様にとっては、目の前の一人一人がその店の顔となりますので、チェッカーがイキイキと笑顔で勤務できていることは大変重要なことです。

全員がモチベーション高く、イキイキと勤務するためには、働きやすい職場作りが何よりも大事になります。そのためにも、希望の休みや希望勤務などを聞き、公私ともに充実できるようなシフト組みをしています。

とはいえ、昨今の人手不足の中、全員の希望を踏まえた勤務シフトを作ることは、非常に手間のかかる業務となっていました。

また、作成した勤務シフトがお店の客数実態と合っているのか？ ということも課題としてありました。

そこで、効率的で満足のいくシフトが作成できるシステムがないかと検討していたところ、オーエムネットワークのアールシフトが目に留まったのです。

特に、アールシフトの希望休申請機能や、シフトを作成する際の様々な条件を満たしたシフト自動作成機能によりシフト作成時間の大幅な短縮が可能だと考え、導入を決定しました。

そして、人時実績も時間帯別に見える化できるようになり、現在では、その精度も向上しました。今後も、アールシフトを活用し、チェッカー部門のさらなるレベルアップを図っていきたいと考えています。

株式会社オオゼキ

Q3 ▶ アールシフト導入後の効果についてお聞かせください。

A 市川店グループ長　大和田恵子 様

これまでは、チェッカーのシフト作成はExcelを使用して手作業で行っていました。

各従業員の希望を紙で収取してから都度Excelに入力して、全体のバランスを考えながらのシフト作成は、非常に手間と時間がかかる仕事でした。

今回導入したアールシフトではまず、スマートフォンを使用したシフト申請を行うことにより簡単にシフトの収集を行うことが可能となり、とても便利になりました。

シフト自動作成機能では1ボタンでシフトが作成でき、どの日に人が足りない、または、人が余っているかをひと目で確認できるので大変重宝しています。

シフトの修正も操作が簡単なことから非常に短時間で修正を行うことができますし、確定シフトもすぐに連絡できるので、シフトに対する信頼感が増し、各チェッカーからの不平不満も減少しました。

現在、複数店舗のシフトをアールシフトで管理しています。各店のシフト状況もすぐに確認できるので、他店舗への応援も簡単にできるようになりました。

今までは、店舗によってアールシフトを使ったシフト作成時間にバラつきがありましたが、効率よく作成できている店舗の使い方を各店にフィードバックするなどして、今ではシフト作成の効率化が全店で実現しています。

株式会社ロック・フィールド
シフト作成効率化とリアルタイム把握を

今まで把握することが難しかった「シフトの世代管理」や「勤怠実績との予実管理」、「シフト希望充足率」などから独自の視点でマネージメント面を強化。徹底した見える化の推進により、本部にいながらすべての店舗のシフト作成状況がリアルタイムに把握でき、店舗間の人の移動を効率的に実現。

Q1 ▶ なぜ、シフト管理システムに注目されたのですか？

A 販売本部 販売変革プロジェクト リーダー　天野 勝 様
ロック・フィールドは、「SOZAIへの情熱と自ら変革する行動力をもって、豊かなライフスタイルの創造に貢献する」という理念を実践している会社です。

　「健康」「安心・安全」「美味しさ」「鮮度」「サービス」「環境」を企業の価値観と位置づけ、時代や社会のニーズに応えるとともに、次代を見据えて生み出される価値のあるSOZAIをお客様にお届けしています。また、従業員ロイヤリティ、従業員満足の向上こそが「人財」の定着につながり、その結果、お客様満足の向上につながるという考えのもと、「人財」を最も重視した経営にも取り組んでいます。

　そして、こうした企業理念の実践をバックアップするための体制構築にとって必要なものは？と考えた結果、実施すべきと結論付けたものが、シフト管理システムの導入だといえます。

Q2▶ アールシフトに決めた経緯をお聞かせください。

A 天野 勝 様

当社は、全国の百貨店や駅ビル・駅ナカなどに、サラダを中心とした SOZAI を展開する「RF1（アール・エフ・ワン）」や、こだわりのジャガイモを使用した「神戸コロッケ」などの店舗を約320店舗展開しています。それら店舗で働く多くの従業員のシフトを効率的かつ効果的に作成し、店舗運営のさらなる精度向上に向けた支援をしたいと考えていました。

そのような状況の中で、2016年度、働きやすい環境づくりを前提に "店内組織強化に向けた戦略ツール" という位置付けで、新しいシフトシステムの構築をしようというプロジェクトが立ち上がりました。

従来から、社内規格の帳票を使ってシフト表を作成し、集計していましたが、「実際にはどのようにシフトが管理・運営されているか？」ということが本部からは一元的に把握しづらい面があり、同時に現場からもシフト作成を何とか効率化してほしいという要望が上がっていたのです。

そこで、プロジェクトメンバーが中心になり、世の中にでている「シフト管理システム」を調査し、その中から数社に絞ってシステムの比較・検討を行いました。また、実際に検証用のシステムもインストールし、システムを使用することになる現場の管理者も巻き込んで、機能面や操作面などを徹底して検証しました。

その結果、オーエムネットワークのアールシフトが機能面だけでなく、操作性、画面のわかりやすさでも非常に優れているという結論に至り、2017年3月にアールシフトの導入を正式決定しました。

システムの全店展開も思った以上にスムーズにいき、現場の管理者からも好評価を得ています。これからも「アールシフト」を活用して、さらに導入効果を高めていきたいと思っています。

Q3 ▶ アールシフト導入後の効果についてお聞かせください。

A 東日本販売部　槌田宗慶 様

今回導入したシフト管理システムの目指すところは店内組織強化です。そのためにも、「働きやすい環境づくり」を実現するために、相当な時間と労力を要する「シフト作成の効率化」と店舗運営のプロセス管理ができる「現場の見える化」がポイントだと考えています。

まず「シフト作成の効率化」ですが、従来は各スタッフが勤務希望をメールや紙、口頭で管理者に申請し、管理者は全員の申請が集まってからシフト作成を行っていましたので、シフトが完成するまでに相当な時間と労力を要し、集計間違いも度々発生していました。

しかし、新システムの勤務申請はすべてスマートフォン経由で自動的に集まってくるので、その間のやり取りや作業は大幅に短縮され、集計間違いもなくなりました。また、希望勤務の申請が集まった後の調整も日別または時間帯別の必要人数と申請スタッフ人数の差を確認しながらシフトを調整できることで、シフト完成までの時間も大幅に短縮されました。

次に「現場の見える化」においては、今回導入したシステムを通して本部にいながらすべての店舗のシフト作成状況がリアルタイムに把握でき、店舗毎の人員の過不足が日別、時間帯別に把握できるようになり、また店舗間の状況を比較することで、余裕のある店舗から人員が不足している店舗へ計画的に応援を出せるようになってきています。

今ではアールシフトを活用して、店内組織強化に向けた「働きやすい環境づくり」を目的に、現場の「ムリ・ムラ・ムダの削減」を進めつつ、シフトの「予実管理の精度向上」や「人財育成の支援」といった効果が出せるところまできたと思っています。

BOTEJYU Group（ぼてぢゅう）
採用や雇用契約の管理業務が30％も時間短縮

アジア圏を中心にバラエティに富んだ国籍を有する従業員を、効率良く労務管理できるようになりました。特に、日ごとの人件費予算や時間帯別過不足人数の見える化で、採用や雇用契約の管理業務が30％も時間短縮でき、大きな威力を発揮しています。

Q1 ▶なぜ、シフト管理システムに注目されたのですか？

A HR管理統括本部 人事総務本部　正中真治 様

我々は「しあわせに働き、未来を変える。働く価値と機会をすべての人に」をグループミッションとして、お好み焼、もだん焼など日本を代表する食を提供する外食産業事業をはじめ、流通、コネクト＆ディベロップ事業、コンテンツ事業なども運営している企業です。

昭和21年の創業から70年以上、感謝を胸にお客様に愛される100年企業を目指して邁進しています。そして、それを可能にするための武器と考えたのが、シフト管理システムの導入でした。

2019年11月より稼働させましたアールシフトでは、時間帯ごとに何人配置が必要といった必要人数情報と、従業員ごとに週何日働けるといった雇用契約の情報を組み合わせたシフト表を作成しています。また採用業務や雇用契約の更新業務など、単なるシフト作成のシステムだけでなく、従業員の雇用全体に大きくかかわるシステムとして活

用しています。

Q2 ▸アールシフトに決めた経緯をお聞かせください。

A 正中真治 様
当社は従業員に対してフェアに、働く喜び、やりがい、上昇志向を育む環境を目指しています。そのため、在籍する従業員もアルバイトやパート、フルタイムなど、様々な働き方ができるように取り組んでいます。また国籍も日本人のほか、アジア圏各国のバラエティに富んだ従業員が働いています。

しかし一方では、従業員ごとの採用業務や雇用契約業務などで管理業務が煩雑となってしまい、結果的に管理部門の業務負荷も上がってしまうという課題が発生していました。

店舗もレストランからフードコートまで様々な業態があり、画一的な店舗オペレーションが難しく、適正な人員配置数も異なるため、シフトの作成や人件費の管理に大きな課題意識を持っていました。

そこで、各業態で満足のいくシフトを作成しつつ、採用や雇用契約などの管理業務を効率化できるシステムがないかと検討を行い、オーエムネットワークのアールシフトに目をつけたのです。

アールシフト採用の理由ですが、まずは従業員の雇用契約に応じた形でシフトを作成できるため、シフト作成時間の大幅な短縮が可能だと感じました。また、日ごとの人件費予算や時間帯別の過不足人数も見える化できるようになるため、人件費管理の精度も向上できると思っています。特に時間帯別の過不足人数の見える化は採用業務において大いに役立つと考えています。

Q3 ▸アールシフト導入後の効果についてお聞かせください。

A 正中真治 様
アールシフトを導入してから約1年が経ちました。導入当初は初

めてのシステムのため、操作方法や設定などでかなり問い合わせをさせていただいたのですが、オーエムネットワークさんに迅速にご回答をいただきましたので、かなり運用は定着したと思います。

シフト作成の部分ではスマートフォンを使用したシフト申請が可能となったため、従業員の希望を収集する時間が大きく削減されました。また、シフト自動作成機能は、ボタン一つでシフトを作成できますので、基本のシフトを作成するのに大いに役立っています。

ただし、シフト作成の精度面では、まだまだ改善の余地があると思っています。現在、販売管理システムからアールシフトに、売上予算や人件費予算を連携していますが、日ごとの人件費予算を意識したシフトを的確に作成するべく、現在も日々店舗を指導しています。

一方、採用管理や雇用契約などの管理業務では、当初の導入目的は達成できました。特に、従業員を採用した場合と採用しなかった場合での店舗人数の充足率がひと目でわかるようになったため、採用判断が非常に効率的になりました。

営業責任者は店舗からの採用申請に常に目配りを行い、適切な人員配置を行うように意識を改善できたと思います。

また、雇用契約業務は契約更新の際、従業員の勤務希望を紙ではなくスマートフォンを使用して収集できるように対応したため、契約更新業務が大幅に簡素化されて大きな業務改善となりました。

弊社はスタッフ一人ひとりの「夢の実現」をサポートしています。

これからも、従業員には生き生きとキャリアを積んでいただきたいと考えていますので、これからも、さらにアールシフトを活用していきたいと思っています。

イオンエンターテイメント株式会社
AI技術を駆使して、70%の時間短縮

パッケージシステムとしての「シフト管理システム」と独自開発の「上映スケジュール自動作成システム」との融合により、シフト作成時間とシフト精度の更なる向上を実現。本邦初となる「上映システム自動作成システム」もAI技術を駆使し、70%の時間短縮を実現しています。

Q1 ▶なぜ、AI技術に注目されたのですか？

A イオンエンターテイメント 様

当社は全国に90以上の映画館「イオンシネマ」を展開する、全国で最多のスクリーン数を持つ映画興行会社です。

「くらしに、シネマを。」というブランドコンセプトの下、見る人を圧倒する映像美や迫力ある音響はもちろん、心地良いシートや美味しいフード&ドリンクを楽しんでいただきながら、お客さまの生活の中に様々な形で映画などのコンテンツを提供しています。

ただ、お客さまに映画を快適に楽しんでいただくためには、上映スケジュールの組み立てが非常に重要になります。

そこで、複雑な組み合わせの中から最適な解を導き出すために、最新のAI技術を駆使したシフト管理システムを活用していくことに決めました。

当社では、2018年5月にアールシフトを先行導入し、続けて2019

年12月に上映スケジュール自動作成システム「JES」を導入、2020年1月にはすべての映画館で稼働させるようにしました。また、パッケージシステムとしての「シフト管理システム」と当社独自開発の「上映スケジュール自動作成システム」との融合により、シフト作成時間とシフト精度のさらなる向上を実現。

本邦初となる「上映スケジュール自動作成システム」では、劇場での上映スケジュールの作成時間を約70%短縮しています。

Q2▶アールシフトに決めた経緯をお聞かせください。

A イオンエンターテイメント 様
シフト作成業務に関しては、従来から、①シフト希望収集（紙）→②シフト作成（Excel）→③勤怠システムに手動登録、配布という流れで行っていました。

しかし、全国で90以上もある店舗がそれぞれ独自の方法でシフト作成業務を行っていましたので、非常に属人的なものになっており、本社サイドからは各店舗の実態を正確に把握することが極めて困難な状況にありました。

そこで、「Excelからの脱却」と「本社からの見える化」「均一化」を実現すべく、シフト管理システムの導入検討に入りました。

その結果、操作性と自動作成機能の優位性から、オーエムネットワークのアールシフトを導入することに決定したのです。

当初は、アールシフトが持っているシフト自動作成機能と店舗側の業務実態とのギャップがあり、なかなか自動作成の結果が思うようになりませんでした。しかし、アールシフト側の設定条件を様々試していくうちに、当社の業務にマッチしたシフト表が満足のいくレベルまで

自動作成できるようになっています。

　さらに、動員予測を基にシフトを自動作成することができるレベルまで到達し、ムリ・ムラ・ムダの少ない人員配置を実現することができました。

Q3 ▸ JESシステム開発の経緯をお聞かせください。

A イオンエンターテイメント 様

　映画館の舞台裏ではお客さまの目には見えない形で様々な劇場業務が行われています。その一つとして、「上映スケジュールの作成」というものがあります。これは文字どおり、いつどのスクリーンで何の映画を上映するかを決める、というものです。

　上映しないことには映画をご覧いただくことはできませんし、この上映スケジュールによりお客さまの動員数が大きく左右されるわけですから、これは映画館の運営に欠くことのできない極めて重要な業務であるといえます。

　この上映スケジュールを決定する上で、確認すべき様々なポイントがあります。

・作品の期待度に応じて上映回数、上映するスクリーンの大きさに応じて強弱をつける
・作品ごとの客層に応じて上映する時間帯を工夫する……などです。

　また、同一の作品でも、それぞれの作品特性に応じてスケジュールを組まなければなりません。さらには、映画館それぞれでオープン時間やクローズ時間、スクリーン数や上映する作品も異なるため、それらすべての制限要素を加味した上でスケジュールを組む必要があるなど、考慮に入れるべき事項は多岐にわたるのです。

従来、上映スケジュールの作成はExcelを使ってほぼ手作業で時間をかけて行われていました。しかし、それでは映画館ごとに上映スケジュールの質にばらつきがでてしまいます。また、担当スタッフの負担はたいへん重いものでした。

　それを何とかして改善しなければ、というのが当社の長い間の懸念事項でもあり、結果、開発したものが上映スケジュール自動作成システム「JES」となります。

Q4 ▶ JESシステム導入後の効果についてお聞かせください。

A イオンエンターテイメント様

　上映スケジュールを自動的に作成するシステムを検討する上で、「AI」がキーワードになっていました。担当スタッフの勘と経験をコンピュータに移し替えようというのですから、従来型の情報システムでは上手くいかないだろうと考えたのです。

　そこで、AIの技術を持つベンダーさん何社かによるプレゼンを実施する中で、AI手法を用いた具体的な提案内容が優れていたことから、最終的にオーエムネットワークさんに開発を依頼することに決定したのです。

　天文学的な数字になる上映スケジュールの組み合わせの中から、数分で最適な答えを導き出せる精度の高さが決め手でした。

　上映スケジュール自動作成システム「JES」のいいところは、先に述べたように、複雑な業務条件すべてを表現して上映スケジュールが作成できる柔軟性です。

　全国にある映画館の一つひとつは、スクリーン数が異なるなど、すべて異なる条件を持っています。

　その映画館に対して、最適なスケジュールを誰でも簡単に作成でき

るわけですから、JESの導入によってスケジューリングの質を大幅に向上させることができました。

　また、JESを使うと、担当スタッフの勘や経験によらず、AI技術を用いてどの映画館でも品質に差のないスケジューリングができます。
　こういう形でスタッフの負担を減らせることは、「働き方改革」が叫ばれる今、とても意義のあることだと考えています。

おわりに

　大学を卒業してから今日まで、IT業界一筋に働いてきた者として、「ITは本当に役立っているのだろうか？」、特に、「日々業務に励んでいる現場の人達にとって、ITは本当に役立っているのだろうか？」という疑問をずっと持っていました。

　これまで、日本全体では極めて膨大な量のシステムが開発されてきたと思いますが、その中で、現場で働く人達にとって本当に役に立つシステムが"どれだけあったか"というと、さらに疑問を持たざるを得ません。

　今までのシステム開発では、要件定義からスタートし、その後で設計→開発と進みます。そのスタートとなる要件定義が曖昧では、決して良いシステムを開発することはできません。

　実際、販売管理や財務管理などは、従来型のやり方で問題なく要件定義は作成できますが、現場向けのシステムとなると、なかなかそうはいきません。現場のニーズは多様ですし、曖昧なものも数多くあります。そのような理由から、現場向けのシステム開発は敬遠されてきたといえるでしょう。

　そして、そのような状況が長く続いてきたわけですが、ここにきてAIが登場したことによって、これらの状況が大きく変わりつつあります。AIは従来のシステム開発のステップは踏襲しませんし、従来のコンピュータが理解できるロジックというものも必要とはしません。

　AIは、様々な条件などからAI自身が判断をして、人々が望む最適解

を素早く、正確に導き出してくれます。ニーズが多様で曖昧なものが多い現場には、AIは極めてマッチしているものであるといえます。

　私たちはそういったAIの特性に注目し、従来のシステムでは全く歯が立たなかった「シフト管理」という分野に適用を試みました。その結果、当初の想定以上の効果がみられ、数多くの小売業・サービス業の方々にAIによるシフト管理システムを利用してもらっています。

　現在のシステムは、設定条件さえ正しくセットしてしまえば、後はシステムが最適なシフトを作成してくれます。

　しかし、事前の設定条件が少なからずあり、また条件設定に当たっても事前の教育が必要になってきます。従って、現状では、システム導入企業のITリテラシーに左右される部分もあります。しかし、その部分の解決に向けても、今後はできる限り事前設定を簡略化したいと考えています。そうすれば、より多くの現場の方々に、システムのメリットをお届けすることができるものと信じているからです。

　本書では、シフト管理に関して、今現在考えられる最新の知識やノウハウを書いたつもりです。生産性を上げて収益性を高めたいと考えている経営者の方、業務改善の推進を任されている管理部門の方、現場で効率的な運営を任されている店舗管理者の方などに、本書が少しでも役立てば望外の喜びです。

　最後となりましたが、本書の出版にあたってご尽力いただいたプレジデント社の金久保 徹さんには心より感謝申し上げます。

　また、お忙しい中、導入事例のインタビューに応じていただいた皆様にも心より感謝申し上げます。

2021年1月吉日

オーエムネットワーク株式会社／代表取締役　**大野 勝**

おわりに

～店舗運営のムリ・ムラ・ムダをなくす～

最強のシステム

2021年1月30日　第1刷発行

著　者	大野 勝
発行者	長坂嘉昭
発行所	株式会社プレジデント社
	〒102-8641
	東京都千代田区平河町2-16-1
	平河町森タワー13階
	https://www.president.co.jp/
	https://presidentstore.jp/
	電話 編集03-3237-3733
	販売 03-3237-3731
販　売	桂木栄一、高橋 徹、川井田美景、
	森田 巌、末吉秀樹
装　丁	鈴木美里
組　版	清水絵理子、原 拓郎
校　正	株式会社ヴェリタ
制　作	関 結香
編　集	金久保 徹

掲載イラストはShutterstock.comのライセンス許諾により使用しています
カバー写真：Jirsak/Shutterstock.com

印刷・製本　大日本印刷株式会社

©2021 Masaru Ohno
ISBN978-4-8334-5169-7
Printed in Japan
落丁・乱丁本はお取り替えいたします。